JN034233

タイに学ぶ SDGs モノづくり

Iwase Daichi
岩瀬大地

めこん

SUSTAINABLE DEVELOPMENT GOALS

4
質の高い教育を
みんなに

5
ジェンダー平等を
実現しよう

6
安全な水とトイレ
を世界中に

10
人や国の不平等
をなくそう

11
住み続けられる
まちづくりを

12
つくる責任
つかう責任

16
平和と公正を
すべての人に

17
パートナーシップで
目標を達成しよう

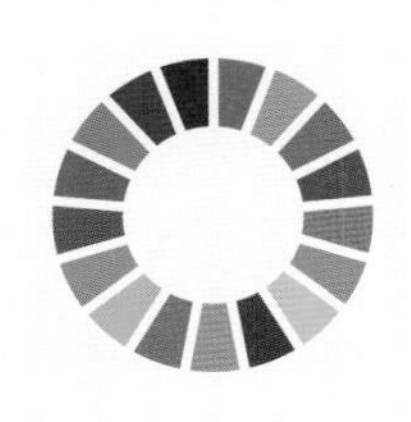

タイに学ぶSDGsモノづくり ● 目次

はじめに

本書は、筆者が東京造形大学の特別研修（サバティカル研修）で2022年8月から2023年3月までの8ヵ月間、タイに滞在し、実施した研究成果（研究テーマは「タイにおけるサステナブルデザイン活動」）をまとめたものである。本研究は、タイ国家学術研究委員会（The National Research Council of Thailand）の承認（プロジェクトID：2022/019）を受け実施された。

本書では、サステナブルなモノづくりを行なっている9組の取り組みを現地調査し、そのモノづくりの特徴や生まれた背景、SDGs[1]との関連性を明らかにする。そして、そこから現在の地球環境問題、気候危機、紛争、貧困、格差等、未曾有の危機の時代において、これから私たちが目指すべきモノづくりを学ぶ。本書に登場する事例を見ると、彼らはお金儲けのためではなく、創造活動を通じて、社会や自然環境の課題解決等、社会前を生み出すために活動しており、美しい装飾や新しい機能等、物質的価値を持ったモノを生み出す「デザイナー」というより、社会的共通資本を生み出す「デザイン活動家（デザイン・アクティビスト）」といって良い。経済学者の宇沢弘文は、社会的共通資本とは「ゆたかな経済生活を営み、優れた文化を展開し、人間的に魅力ある社会を持続的、安定的に維持することを可能にするような社会的装置」と定義している[2]。彼らのモノづくりは、地域の人々と積極的につながり、地域資源（地域の再生可能な自然資源やリサイクル資源、伝統文化等の文化資源、人が持つ手技（てわざ）や伝統知識等の社会資源）を生かし、地域の人々

1　SDGs（Sustainable Development Goals＝持続可能な開発目標）は「誰1人取り残さない」という信念のもと、2015年9月にニューヨークの国連本部で開催された国連サミットで、政治的なイデオロギーや先進国・途上国の力の差を超えて、国連加盟国193ヵ国が賛同し、2030年までの達成を目指した国際社会の共通目標として設定された持続可能な17項目の発展目標である（前々ページの図）。

2　宇沢によると、社会的共通資本には、自然環境（大気、海洋、森林、河川、水、土壌）、社会的インフラストラクチャー（道路、交通機関、上下水道、電力・ガス）、制度資本（教育、医療、司法、金融、文化）が含まれるが、具体的に何を含むかは、それぞれの地域や国の自然的、歴史的な要因等によって異なる。（宇沢弘文『社会的共通資本』岩波書店．2000年）

の手を主体にしてつくる「地域主義的生産」であることが見えてくる。地域主義的生産に基づくモノづくりは、地域全体の自然環境をケアしたり、生物多様性を回復・向上したり、社会的包摂や人間開発を促進したり、地域社会を元気にしたり、ステークホルダー[3]に配慮したり、地域の人々に生きがいや働きがいを生んだり、技能や知識を向上したり、資源循環を促進したり、地域の社会的インフラストラクチャーを改善したりする等、社会的共通資本を生み出し、SDGsを促進している。そして、このようなタイのモノづくりには「足るを知る」価値観が基底に流れている。『広辞苑』によると、足るを知る（知足）とは「現状を満ち足りたものと理解し、不満を持たないこと」という意味である。仏教用語でもある。また、後述するが、プミポン・アドゥンヤデート前国王（ラーマ9世）が、1997年に「足るを知る経済（セータキット・ポーピアン）」を提唱した後、タイの社会経済活動のあり方として広く浸透していった考えでもある。

筆者は、地域主義的生産に基づくモノづくりは、現状に満足することを良しとせず、常に前へ前へ前進すること、上へ上へと向上すること、もっともっと成長することが最良とされる価値観から生まれ、現在支配的な資本主義的生産様式（資本蓄積・利益を得ることを目的にした商品生産）の代替になりうると考えている。たとえ、完全に置き換わることがなくても、資本主義的生産が生み出す負の側面（地球環境破壊や不平等、格差等）を緩和することに役立つと考えている。

筆者がタイに着目する理由は、グローバル・ノース（グローバル化の恩恵を受け経済的な発展を遂げている先進国）に対するカウンターパンチになると考えているからである。タイを含むグローバル・サウス（アジア、中東、アフリカ、ラテンアメリカの地域に含まれる発展途上国や経済新興国）の多くの国は、熱帯地域にあり、地球の物質やエネルギー循環等、地球の持続可能性に関して中心的な役割を担っている。そこに暮らす人々は、長く地域の資源や自然エネルギーをうまく活用し、サステナブルに暮らしてきたにもかかわらず、温帯地域にある欧米や日本を含むグローバル・ノースが、サステナブルなモノづくりに関する議論を主導してきた[4]。

3　ステークホルダーとは、企業活動に対して直接的・間接的に利害関係を持つ団体や個人。社員や株主、取引先、顧客は直接的な利害関係を持つが、活動を行なっている地域、住人、自然環境は間接的な利害関係を持つ。

4　岩瀬大地「タイとインドネシアデザインに見るモノづくりの特徴について」『東京造形大学研究報』23. 2022. pp. 51-63.

サステナブルなモノづくりに関する様々な理論や実践は、グローバル・ノースで生まれ、グローバル・サウスにも注入された結果、伝統的なサステナブルな暮らしの再生産を破壊してきた。グローバル・ノースやサウスのモノづくりの実践者は、ずっと「ルック・ノース（Look North）」の視点を持ち、グローバル・サウスを単なる追従する者、技術移転を受ける者として見做し、グローバル・サウスで展開されている地域の自然環境や伝統文化に根差したモノづくりを軽視してきた。グローバル・ノースのデザインジャーナリズムや教育現場でも、グローバル・サウスからサステナブルなモノづくりを学ぼうとする姿勢は皆無である。グローバル・サウスでも、自国のモノづくりを軽視し、グローバル・ノースがつくったエコ製品を積極的に輸入し、購入する、消費者に甘んじてきた。

しかし、グローバル・ノース主導による人間中心的なサステナブルなモノづくりが過剰に行なわれ、不必要なエコ製品が大量生産・大量消費された結果、地球環境破壊は止まるどころか進行している。地球環境問題を引き起こす資本主義的生産様式そのものを変革せずに行なっている、グローバル・ノース主導のサステナブルなモノづくりを、益田文和[5]は「摩(サステ)って・嬲(ナブル)る」と、独特な表現で批判してきた。一聞、環境や社会に優しく、グリーン成長（環境保全と経済成長の両立を目指す成長）を約束したように聞こえる「サステナブル」いう言葉が、グローバル・ノース主導の人間中心主義的なサステナブルなモノづくりが根源的に持っている、生態系（自然環境や生物の関係）や人間、生命に対する暴力性・破壊性を覆い隠してしまうのである。このことに気付いていた益田は「これからサステナブルなモノづくりはアジアから学ぶべきだ」と喝破し、ルック・サウス（Look South）の重要性を指摘してきた[6]。

現在のグローバル・ノースのモノづくりは、資本主義的生産に組み込まれた結果、各領域（家具デザインやプロダクトデザイン、テキスタイルデザイン、パッケージデザイン等）に職能化され、経済成長に隷属するようになった。モノづくりが、更

5　東京造形大学教授（2000～2015年）、多摩美術大学客員教授、名古屋学芸大学客員教授、金沢美術工芸大学講師、キッズデザイン賞審査委員長、環境省グッドライフアワード実行委員長、ウッドデザイン賞審査委員（木製分野長）、IAUDアウォード審査委員（副委員長）等を務めるサステナブルデザインの日本のリーダー。

6　益田文和「サステナブルデザイン国際会議とは?」https://onl.tw/RJ6Lx4T（最終閲覧日：2022年8月25日）

なる資本蓄積ではなく、社会的共通資本を生み出しSDGsを促進するには、モノづくりを担っているデザイナーは生まれ変わり、今の時代に求められている役割を果たさなければならない。したがって、気候危機や生物多様性の喪失等、地球規模での生態系破壊に直面している現在、エコやSDGs、エシカルの名の下で続けられている、不必要な消費を煽る有害な広告デザインやパッケージデザイン、計画的陳腐化（計画的に製品が壊れるように設計すること）を組み込んだプロダクトデザイン、心理的な廃物化（継続的なモデルチェンジによって従来の製品を古くさせること）を促進するファッションデザイン等に加担しているデザイナーは、今すぐその活動を止めなければならない。そして、新しいデザイン観を持ったデザイナーを育てる必要がある。それも早急に。世界中がグローバル・ノースのみに目を向ける中、タイのモノづくりに目を向け、そこからSDGsを促進するモノづくりのあり方を学び、新しいデザイン観を築いていかなければならない。

第1部

SDGsとタイ

第1章
SDG sを問い直す

1. SDGsについて

持続可能な開発目標（Sustainable Development Goals / SDGs）は、2015年9月、ニューヨークの国連本部で開催された国連サミットで、政治的なイデオロギーや先進国および途上国の力の差を超えて、国連加盟国193ヵ国が賛同し、2030年までの達成を目指した国際社会の共通目標である。成果文書として「我々の世界を変革する：持続可能な開発のための2030アジェンダ（Transforming Our World: the 2030 Agenda for Sustainable Development）」が発行された。SDGsには、17の目標と具体的に取り組むべき課題を示した169個のターゲットと何をもって達成したかを測る232の指標が設定されている。目標1から6は、すべての人が人間らしく生きていくための基本的人権に関わる目標群である。目標7から11は、社会経済的な格差が少なく、誰もが安心・安全で豊かさを感じて暮らし、自然環境を破壊することなく、経済や科学技術の進歩が続く世界を実現しようとする目標群である。目標12から15は、大量生産・大量消費・大量廃棄の社会から脱却し、いつまでも自然の恵みを受けることができる世界を実現しようとする目標群である。目標16は、SDGs達成を阻む戦争や紛争等、争いをなくし、平和で公正な世界の実現を目指す目標である。目標17は、SDGs達成に向け、様々な問題をあらゆる人の参加と協働による解決を目指す目標である。

SDGs達成には、国際的な実施ルールや条約のような法的拘束力はなく、目標とターゲットがあるだけである。既に目標やターゲットが設定されているので、達成方法は、政府や自治体、企業、教育機関、NPO、市民等、すべての人たちが、それぞれの裁量で何ができるかを考え、自由に具体策や行動を考えることができる。自分の事として、自分に合ったやり方で実行できる、オープンで、柔軟性があるものになっている。したがって、SDGsは「グローバルな内容だから」とか「政府や自治体といった行政が取り組むべきもの」と切り捨てないで、それぞれの立場や実情に合わせて、自分たちには何ができるかを噛み砕いて考え、活動に落とし込む作業が必要となる。その時、重要なのは、SDGsと取り組みを一対の関係として個別的に見るのではなく、テーマの統一性や同時解決性に着目し、他のSDGsとの関連性を包括的に見て、紐づけることである。さらに重要な点は、成果文書のタイトルにあるように、SDGsは、世界を変革することが目的である。したがって、単に自分たちの取り組みとSDGs の対応関係を明示し、対応しているから安心して終わりにし、自分ができる事のみに留まるのではなく、SDGsをフレームワークとして活用し、自分たちの取り組みをデザインし直し、社会を変革する取り組みを積極的に生み出すことが重要である。SDGsを社会を持続可能なものに変革するデザインのゴール、つまり「Sustainable Design Goals(サステナブルデザイン目標)」と捉え直さなければならない[1]。

SDGsの原点に立ち返りたい。SDGsの原点は、今から約50年前に、ローマクラブ[2]の科学者らがまとめた「成長の限界」という報告書である。同書は、世界人口が増加し、それに伴い食料やエネルギー資源需要も増加し続けば、環境破壊・汚染が深刻化し、現代文明は21世紀中に限界点に達し「制御不能な危機的状況」に陥ると指摘した。この報告書の最大の成果は「根本的に現代文明は持続可能ではなく、現在の延長上に未来はない」ということを、当時、第一線で活躍する科学者たちが、全世界に向け表明し、人類に警告したことである。

しかし、経済成長と自然環境の関係は、相殺関係にあると捉えてしまった。経済成長は、雇用を生み出し、貧困を改善させるが、経済成長を優先させ過ぎると、自然環境が破壊される。逆に自然環境の保護や保全を優先し過ぎると、経済発展が損なわれ、雇用が失われ、福祉が低下してしまうというジレンマに陥ってしまった。世界は「経済成長か環境保護か？」というジレンマに陥ったが、社会経済活動と自然環境のバランスを取るための考えが、1992年にブラジルの

1 World Design Organiztion. 2019. *Board Report 2017-2019 Towards Growth*. https://onl.tw/RcidGhz（最終閲覧日：2022年2月12日）

2 〈地球の有限性〉という共通の問題意識を持つ世界各国の知識人が集まって結成した任意の団体。

リオで開催された「地球サミット（環境と開発に関する国連会議）」で提案された。これが「持続可能な開発」という言葉である。国連は持続可能な開発を「将来世代のニーズに応える能力を損ねることなく、現在世代のニーズを満たす開発」と定義した。これは、1987年に「環境と発展に関する世界委員会[3]」がつくった*Our Common Future*（Oxford University Press. 1987）という報告書の中で定義されたものである。現役世代が地球上の資源を使い尽くしてはならないし、地球環境を破壊して、将来世代や他の生物が快適に暮らすことができない地球にしてしまわないような社会をつくっていくためには、(1) 経済成長だけを優先するのではなく、(2) 社会的に弱い立場の人も含めて1人1人の人権を尊重する社会的包摂、(3) 地球環境・自然環境保護、という3つの要素を相殺するのではなく、融合する形での社会経済の開発のあり方が提示されたのである。社会経済の開発を「経済的側面」だけでなく「環境的側面」や「社会的側面」を含めた3つの側面から評価すべきだという、トリプル・ボトムラインの考えである。

そして、地球サミット以降、1990年代に開催された様々な国連会議やサミットで採択された国際開発目標が、2001年に「国連ミレニアム宣言」として統合され、1つの共通の枠組として、ミレニアム開発目標[4]（Millenium Development Goals / MDGs）としてまとめられた。しかし、MDGsは、グローバル・サウスの貧困問題解決等、開発問題が中心で、先進国はそれを援助してあげるという建て付けであったため、日本や欧米等では、グローバル・サウスの問題と捉えられてしまった。そのため、日本や欧米では、MDGsに対して関心を払うメディアや企業はほとんどなかった。しかし、MDGsの後継として2015年から始まったSDGsは、グローバル・サウスだけでなく、グローバル・ノースも含めた世界共通の課題として設定されたため、企業や行政、メディアでも多くの関心を集めるようになり今に至っている。

3　委員長は、グロ・ハーレム・ブルントラント、ノールウェー首相（当時）。
4　開発途上国の貧困削減を掲げ、8つの目標、21のターゲット、60の指標が設定された国際目標。

2. タイにおけるSDGs

本書のテーマである、タイにおけるSDGsを促進するモノづくりを議論する前に、タイのSDGs達成状況について見る。タイ政府が推進するSDGsを達成するための取り組みは、ラーマ9世が提唱した「足るを知る経済（セータキット・ポーピアン）」の思想をベースにしている。足るを知る経済の思想は、仏教における「中道」の教えに基づく考え方で「不確実性や複雑性、変動性が増す現在の世界で、社会や経済、環境、文化の急速な変化に起因する困難に適切に対処するためには、節度や合理性、自己免疫を持った暮らしが必要」という、自立のあり方を示し、タイ政府の持続可能な開発政策立案の重要な指針となっている。節度とは、行き過ぎないこと、中庸であるということである。合理性とは、自身の行動や意思決定が、他者と周りの世界の両方に与える可能性のある影響について慎重に考慮することである。自己免疫とは、外的·内的なショックに備えることである。足るを知る経済の思想を要約すると、グローバル経済に依存した開発ではなく、自立して生きられるように、社会や経済の開発が行なわれるべきだということができる。

アジア通貨危機が起こり、バブルが弾けた1997年に、ラーマ9世が自身の誕生日に行なったスピーチ中で、タイが進むべき道は「足るを知る経済である」と語ったことを機に、タイ政府はこの思想に沿った社会開発を図ってきており、国家経済社会開発計画の中心的な考え方としても採用されている。国連開発計画（UNDP）によって「足るを知る経済」と「持続可能な開発や人間開発」は、共通点があると指摘されている[5]。2015年にSDGsが国連で採択されると、タイでは、SDGsを足るを知る経済の実践的なアクションとして取り組まれるようになった。

2021年のタイのSDGs達成状況を見てみると、165ヵ国中43位で平均スコア

5 UNDP Thailand. 2007. *Thailand Human Development Report 2007 - Sufficiency Economy and Human Development*. UNDP Thailand. Bangkok.

は、74.2という結果になっている[6]。SDGsの国別達成度では、東南アジア諸国連合（ASEAN）の中では、トップとして評価されている[7]。

2021年タイのSDGs達成状況

評価	目標	状況
目標達成 SDG achieved	【目標1】貧困をなくそう	達成・維持
課題が残っている Challenges remain	【目標4】質の高い教育をみんなに	順調
重要な課題が残っている Significant challenges remain	【目標5】ジェンダー平等を実現しよう	改善
	【目標6】安全な水とトイレを世界中に	順調
	【目標7】エネルギーをみんなにそしてクリーンに	改善
	【目標8】働きがいも経済成長も	改善
	【目標9】産業と技術革新の基盤をつくろう	順調
	【目標11】住み続けられるまちづくりを	改善
	【目標12】つくる責任つかう責任	改善
	【目標13】気候変動に具体的な対策を	データなし
	【目標16】平和と公正をすべての人に	改善
	【目標17】パートナーシップで目標を達成しよう	停滞
深刻な課題が残っている Major challenges remain	【目標2】飢餓をなくそう	停滞
	【目標3】すべての人に健康と福祉を	改善
	【目標10】人や国の不平等をなくそう	データなし
	【目標14】海の豊かさを守ろう	停滞
	【目標15】陸の豊かさも守ろう	悪化

Jeffrey Sachs et.al. 2022. *Sustainable Development Report 2021*から筆者作成

2021年時点では、目標1「貧困をなくそう」のみが、達成されており、かつ達成状況が維持されている。これは、食事や水、電気、住む場所、衣類、薬に使えるお金が、1日あたり1.25USドル（160円）未満で暮らす人々の割合が統計上0%になり、目標を達成していると評価されたからである。しかし、高齢者のうち年

6　Jeffrey Sachs et.al. 2022. *Sustainable Development Report 2021*. Cambridge University Press.

7　東南アジア各国の達成ランキングは、ベトナム（51位）、マレーシア（65位）、シンガポール（76位）、ブルネイ（84位）、インドネシア（97位）、ミャンマー（101位）、カンボジア（102位）、フィリピン（103位）、ラオス（110位）という順になっている。

間所得が約12万4000円の貧困線以下の割合は34%にも達し、高齢者を中心に貧困化が進んでおり、極度の貧困（1日1.25USドル未満の生活）ではないにしろ、薬や食や物が買えなかったり、借金を負ったりする等、相対的貧困が深刻化している（AFP BP NEWS）。

一方、目標2「飢餓をなくそう」は、深刻な課題として残っており、取り組みも停滞している。世界銀行によると、タイの栄養失調の人口は8%に上っており、アセアン10ヵ国の中で一番高くなっている。新型コロナ感染症パンデミックの影響もあるが、増加傾向は既に2015年から始まっている[8]。

目標3「すべての人に健康と福祉を」も、依然として深刻な課題としてあるが、2030年までの目標達成に向け状況は改善傾向にある。目標4「質の高い教育をみんなに」は、所得格差や地域格差に起因する教育課題を残しているが、法整備や教育制度の改革を行なっており、2030年までの目標達成に向けて順調に進んでいる。

目標5「ジェンダー平等を実現しよう」や目標7「エネルギーをみんなにそしてクリーンに」、目標8「働きがいも経済成長も」、目標11「住み続けられるまちづくりを」、目標13「気候変動に具体的な対策を」、目標16「平和と公正をすべての人に」は、重要な課題として残っているが、2030年までの目標達成に向け状況は改善傾向にある。2021年1月にタイ政府は、経済成長と環境対策を同時に進めるBCG経済を、2021年から2026年の国家目標（2021-2026 BCG Strategic Plan）として取り組む方針を示した。BCGとは「バイオ（Bio）・循環（Circular）・グリーン（Green）」の略で、国家主導で（1）各地域にある自然資源を有効活用した経済活動、（2）資源を循環させていく経済活動、（3）環境に配慮したグリーンな経済活動を推進することにより、タイの社会経済を発展させていこうとするものである。また、国家エネルギー計画枠組みが採択され、再生エネルギー発電比率を50%以上にすることも盛り込まれた。

目標6「安全な水とトイレを世界中に」と目標9「産業と技術革新の基盤をつくろう」は、重要な課題として残っているが、2030年までの目標達成に向けて順調に推移している。

---

8 World Bank. *Prevalence of Undernourishment*. https://rb.gy/surxyf（最終閲覧日：2022年11月4日）

一面に広がるエビの養殖場（バンコク・バーンクンティアン区）　筆者撮影

目標15「陸の豊かさも守ろう」は、深刻な課題として残っており、取り組みも進まず状況は悪化している。1945年には61%あったタイの森林被覆率は、現在31.59%となっており、違法な土地利用や貧困格差を原因とした森林破壊が要因の1つといわれている。このように、森林減少や生物多様性の維持確保に課題が多く残されている。目標14「海の豊かさを守ろう」は、深刻な課題として残っており、取り組みも停滞している。マングローブ林は「海の生命のゆりかご[9]」ともいわれているが、タイでは、工業化が始まった1961年から1996年の間には、マングローブ林の約56%が失われたといわれている。破壊の主要因は、再生能力を上回る量の伐採や道路等のインフラ整備、エビの養殖場や宅地、観光、塩田開発、工場建設といわれている。タイの企業や日系企業は、CSR[10]目的で積極的にマングローブ植林を行なっているが、2000年に入ってからは、増減がない定

9　経済学者の村井吉敬によると、マングローブ林は自然の防潮堤の役割だけでなく、落葉の腐食による有機質の発生や上流から運ばれてくる養分で、栄養に富んだ泥沼になっているという。プランクトンや昆虫類、トビハゼ、エビ、ガザミ、ボラ等、何百種類もの動植物が集まる。（村井吉敬『エビと日本人』岩波書店．1988年）

10　Corporate Social Responsibilityの略語。日本語では「企業の社会的責任」と訳される。企業が事業活動を通じて、自主的に社会に貢献する責任のこと。

常状態にある。[11]

目標17「パートナーシップで目標を達成しよう」は、深刻な課題として残っており、反政府デモ等、国民の分断も長く続いており、取り組みは停滞している。目標10「人や国の不平等をなくそう」に関してはデータがないが、2018年にクレディ・スイス（スイスに本社を置く世界的な投資銀行および金融サービス企業）が発表した推計によると、タイ全体資産の約67%を上位1%の富裕層が所有し、調査対象40ヵ国中で貧富の格差が最大だった。[12] タイの社会格差や不平等は極めて深刻な状況にあるといって良い。[13] 目標12「つくる責任つかう責任」に関してもデータがないが、後述するデザインエクセレンス賞（DEマーク）や一村一品運動（OTOP（オートップ））のモノづくりの特徴を見ると、環境に配慮したモノづくりが当たり前になっている。

3. タイに着目する理由

タイは1980年代以降、工業化によって、急速な経済成長を遂げてきた。しかし、成長の代償として、自然環境破壊や貧困・格差等、環境問題や社会問題も生み出しており、現在も続く大規模な反政府デモの形で顕在化している。国政的に見ると、SDGs達成には、従来の経済成長一辺倒ではなく、人間開発や生物多様性の保全、格差是正に向けた、政治経済構造・社会制度の抜本的な変革が求められる。一方、各地域を観察すると、モノづくりによって、課題解決を目指し、状況を変えようとする動きが草の根で始まっている。これらは、経済成長ツールとしてではなく、SDGsを促進するモノづくりである。

---

11 倉島他.「タイのマングローブ域をめぐる政策と制度の展開―森林セクターと非森林セクターの相互作用過程に着目して―」『アジア・アフリカ地域研究』12(2). 2013年. pp. 215-246.

12 Credit Suisse Research Institute. 2018. *Global Wealth Databook 2018*.（最終閲覧日：2023年10月1日）

13 日本経済新聞「タイ、上位1%に富の67%」2019年7月27日. https://x.gd/B6Lyi（最終閲覧日：2023年4月1日）

多くの人々は、グリーンテクノロジー[14]のイノベーションが、地球環境問題や社会問題を解決し、SDGsを推進すると信じている。例えば、目標12「つくる責任つかう責任」に関連が深いサーキュラーエコノミー（廃棄物をなくし、資源を循環させ、自然を再生するための循環型の経済システム）は、エコデザイン（資源やエネルギー消費を抑え、環境への影響が最小限になるような製品やサービスの設計）の実践や資源循環の仕組みを構築すれば、生産・消費による生態系への影響を心配しなくても、経済を成長させ続けることが可能だという「デカップリング（切り離し）」の考えが基本にあり、欧米や日本で研究が進んでいる。確かに、資源消費を減らせば、生態系への負荷を減らすことができるため、できる限り資源を循環させ続けることは重要である。しかし、資源循環をいくら努力しても、経済成長の圧力によって生まれる絶対的な資源需要の増加によって、資源循環によってカバーされるのは需要の一部になるため、環境負荷低減効果は無駄になる（例えば、ある製品の環境負荷を従来比で50%削減しても、売り上げが2倍にも3倍にもなる等）。経済成長による資源需要の増加は、サービス化による脱物質化や環境に優しい新素材開発等、グリーンテクノロジーのイノベーションの恩恵を帳消しにしてしまうのである。理由はシンプルである。無限の経済成長と資本蓄積を目標としている資本主義経済では、ジェイソン・ヒッケルがいうように「人間のニーズを満たすのではなく、満たさないようにすること」が目的だからである[15]。したがって、企業は巧みなマーケティングや宣伝を通じて、生きるのに無用であるにもかかわらず、人々に必要と思わせ、いつまでも商品やサービスをもっと欲しがるように仕向けるようになる。さらに、資本主義経済の下では、資源循環によって資源生産性や利用効率が向上すればするほど、資源の消費量は減らず、むしろ増加してしまうという「ジェボンズのパラドックス[16]」に直面することになる。たとえ資源をうまく回収し、リサイクルできたとしても、リサイクルするたびに資源エントロ

14　環境に優しい製品やサービスを生み出したり、社会的な課題解決に貢献したりする等、持続可能な世界を作るために活用される地球環境を守るための技術のこと。具体的には、省エネや再生可能エネルギー、グリーンビルディング、エコカー、環境汚染対策，廃棄物処理・リサイクル等に関連した技術。

15　ジェイソン・ヒッケル，野中香方子（訳）『資本主義の次に来る世界』東洋経済新報社．2023年．

16　技術の進歩により資源利用の効率性が向上したにもかかわらず、資源の消費量は減らずにむしろ増加してしまう逆説的な現象が起こるという矛盾。

ピーの増大[17]によって品質は劣化する。また、大量の資源を循環し続け、品質を維持するには、膨大なエネルギーとコストがかかる。経済成長そのものを目的にしている資本主義経済では、サーキュラーエコノミーやグリーンテクノロジーのイノベーションは、根本的な解決策にはならないのである。山口によると、世界経済が毎年4%ずつ成長（決して高くない数字）したら、100年後には現在の49倍に、300年後には約12万9000倍に、1000年後には約10京3826兆倍になるという。イノベーションによって成長の限界を超え、持続可能な成長を実現するという考え自体が「非科学的なファンタジー」でしかない。そこまでの成長を地球環境が、許容することは不可能である[18]。

資本主義経済の目標は、終わりのない資本蓄積である。経済を成長させ、利益を上げ、資本を蓄積し続けること自体が目的である。資本主義経済は、目指すべき到達点はないのだ。したがって、資本主義経済の下では、SDGsは最終ゴールではなく、更なる経済成長の機会として捉えられてしまう。各企業は目指すべき経営目標を掲げているが、建前である。その証拠に、企業が今年度の売り上げ目標を達成したからといって、来年度はその売り上げを維持しましょうとか、この製品は最高傑作だから今後は新しい製品を開発するのはやめましょう、という話は聞いたことがない。常に次年度の売り上げはもっと多く、もっと良い製品やサービスをというのが資本主義経済のモノづくりの鉄則なのである。そんな資本主義経済におけるSDGsの意味は「ビジネスチャンス（商機）」や「経済成長の機会」でしかない。社会課題や地球環境問題の解決は「市場」として捉えられ、課題解決というモノ（商品）を生み出すことによって、更なる資本を蓄積させるのである。筆者はこれを「社会・環境問題便乗型資本主義」と呼びたい。社会・環境問題便乗型資本主義は、経済成長が社会・環境を破壊することによって、ビジネスチャンスを生み、解決策としての新しい商品を生み出すことによって、企業は持続的に資本蓄積をしようとし、行政は税収を増やそうとする。言ってみれば社会・環境の破壊が成長のエンジンなのである。

---

17 資源は、再利用のできない熱や廃棄物のように一方向に進行する。材料の劣化や破壊は、エントロピーの増加現象と捉えられる。例えば、回収した資源ごみをリサイクルして再生する過程は、含有不純物が増加するため新たなエントロピーの増大を生させる。

18 山口周「「100年後の世界経済は49倍」そんな経済成長がずっと続くハズがない」President Online. 2021年1月9日. https://onl.tw/2b1AVyS（最終閲覧日：2023年8月13日）

資本主義社会をグリーン化（環境に配慮し優しくすること）しても無限の経済成長は不可能で、生態系の崩壊を避けられないならば、現状の経済成長至上主義と訣別し、私たちは変わらなければならない。しかし、人類全てではない。なぜなら、現在の地球環境問題は、全人類の問題ではなく、産業革命以来その原因を積極的に生んできた現在のグローバル・ノースの責任だからだ。ジェイソン・ヒッケルによると、現在の気候崩壊の92%はアメリカやEU、日本、ロシア、オーストラリア、カナダ等、グローバル・ノースに責任があるという[19]。

世界のマテリアル・フットプリント（消費された天然資源量を表す指標）は、1995年頃に、地球が耐えられるレベルとされている年500億トンを超えて、2019年現在、920億トンにまで達しており、既に限界の2倍近くも超過している。世界のマテリアル・フットプリントは、毎年増加し続けている状況にある。この資源浪費は、高所得国[20]の帝国型生活様式に起因している。帝国型生活様式とは、自らの豊かさと安寧、快楽のために他所、特にグローバル・サウスの資源や労働者を搾取し、人間だけでなく家畜等の消費されるためだけに飼育される動物も含め、過酷な労働を生み出し、地球環境（気候も含む）をも破壊するグローバル・ノースで展開されている「普通の暮らし」のことである[21]。低所得国[22]の年間1人当たりの資源消費量は約2トン、低中所得国[23]は4トン、高中所得国[24]は12トン、高所得国は28トンで、高所得国の資源消費量は低所得国と14倍もの差がある。この高所得国の中には、環境先進国でSDGs達成度ランキング[25]上位常連であるフィンランドやスウェーデン、デンマークといった北欧も含んでいる。資源消費に

19　前掲書註15。

20　国民1人あたりの所得水準が1万2746ドル以上の国（G7、ヨーロッパ諸国、オーストラリア等）で、世界には13億人いる。

21　ウルリッヒ・ブラント, マークス・ヴィッセン, 中村健吾・斎藤幸平（訳）『地球を壊す暮らし方：帝国型生活様式と新たな搾取』岩波書店. 2021年.

22　国民1人あたりの所得水準が1045ドル以下の国（バングラディシュ、ネパール、ルワンダ、タンザニア、ジンバブエ等）で、世界には8億人いる。

23　国民1人あたりの所得水準が1046～4125ドルの国（インド、ベトナム、ラオス、ウクライナ、パラグアイ、ホンジュラス等）で、世界には26億人いる。

24　国民1人あたりの所得水準が4126～1万2745ドルの国（タイ、中国、マレーシア、イラン、メキシコ、南アフリカ、ベネズエラ）で、世界には24億人いる。

25　2023年度のSDGs達成度ランキング。1位フィンランド、2位スウェーデン、3位デンマーク、4位ドイツ、5位オーストリア、6位フランス、7位ノルウェー、8位チェコ、9位ポーランド、10位エストニアとなっている。ヨーロッパ諸国が上位を占めている。

おける地球環境破壊の責任は、グローバル・ノースが多くを負っている。ちなみに、持続可能な資源消費レベルは1人当たり年間6〜8トンだという[26]。つまり、SDGs達成度ランキング上位の常連国にずらりと並ぶグローバル・ノースの国々のSDGsの達成や環境の先進性は、過剰で不平等なマテリアル・フットプリントの上に成り立っているのである。低所得国や低中所得国は、生活水準を向上させるために、今後資源消費を今より増やさなければならない。一方、日本やEU、アメリカ、カナダ、オーストラリア等を含むグローバル・ノースは、資源消費量を劇的に減らしながらSDGsを達成する必要がある。現在、グローバル・ノースで横行している資本主義的生産（資本蓄積・利益を得ることを目的とした商品生産）や帝国型生活様式のちまちましたグリーン化（例えば、エコデザインの実践、リサイクル活動、エアコン設定温度の調整、フードロスの削減、こまめな節水、マイボトルやマイ箸等）では不十分なのは明らかである。したがって、地球環境問題が解決できるか否か、生態系の崩壊や気候危機を防げるか否かは、人類全員ではなく、グローバル・ノースに住んでいる我々の生き方・暮らし方とそれを支える資本主義的生産を大胆に、そして早急に変えられるか否かにかかっている。

グローバル・ノースの住人は、資本・利益の創造、つまり交換価値のために行なっている生産・消費活動といった経済活動や開発、暮らし、社会をスローダウンしなければならない。生きるのに全く必要のない生産·消費活動を縮小し、環境収容力内（ある地域の生態系を破壊せず居住する人を扶養できる力、人口支持力ともいう）で暮らしていかなければならないのだ。生産活動では、例えば、売るために不必要な消費を煽る有害な広告デザインやパッケージデザイン、メディアコンテンツのデザイン、計画的陳腐化（計画的に製品が壊れるように設計すること）を組み込んだプロダクトデザイン、心理的な廃物化（継続的なモデルチェンジによって従来の製品を古くさせること）を促進するファッションデザイン等である。消費活動では、例えば休暇毎の海外旅行、日常化したフードマイレージの高いグルメ、電気SUV、スマートフォンの新モデルが出る度の買い替え、使い捨ての衣類、気晴らしのための買い物等である。そして、帝国型生活様式を意識的に諦め、資源消費を増やさなくても、環境収容力という限度の中で豊かに暮らせる新たな

26 Bringezu, S. 2015. Possible Target Corridor for Sustainable Use of Global Material Resources. *Resource 4* (1).

文明をデザインしなければならない。しかし、一体私たちは何をモデルにして変えたら良いか分からないため、資本主義経済のグリーン化で人類の存続をかけた未曾有の危機に対応しているのである。帝国型生活様式に慣れ過ぎ、グローバル・サウスの追従を当然と考えてきた私たちは、代替となる暮らしの再生産の方法やそれを支えるモノづくりのあり方を見出せないでいるのだ。サステナブルや環境、SDGsといえば、すぐにスウェーデンやフィンランド、ノルウェー、ドイツ、オランダといった世界システム[27]の中心部にいる高所得国から学ぼうとする人々が多いが、もう何十年以上も経ち、地球環境の状況は改善どころか、悪化の一途を辿っていることを鑑みると、そろそろ、学ぶ相手を代えなければならないのだ。

前置きが長くなったが、そこでタイの出番である。筆者は、代替モデルとしてタイがあると考えている。タイを理想化しているのではない。タイのモノづくりの特徴である地域主義的生産は、帝国型生活様式を支えている資本主義的生産に代わり、豊かな暮らしの再生産を支える社会的共通資本を生み、SDGsを促進している。タイの事例は、グローバル・ノースのように、マテリアル・フットプリントを過剰に増やさなくても、GDP（国内総生産）を躍起になって増やさなくても、豊かな暮らしの再生産やグリーンテクノロジーのイノベーションに頼らなくても、SDGsの達成が可能であることを教えてくれる。暮らしの再生産における、地域主義的な動きは、実はタイに限った話ではない。ラテンアメリカを中心に、社会的連帯経済[28]のように、社会経済の運営を企業や行政ではなく、生産組合や生活協同組合、NPO等、第3セクターで行なう動きが広がっている。暮らしの再生産を地域主義的に展開していこうとする動きは、グローバル・ノースのような世界システムの中心部にいる住人には、見えない、もしくは見向きもしなかっ

27　アメリカの社会学者・歴史学者、イマニュエル・ウォーラステインが提唱した歴史理論。中心部にいるグローバル・ノースが、周縁部のグローバル・サウスを経済的に従属させ、資源や労働を搾取することによって、利益の大半を吸い上げ、資本を蓄積する。中心部と周縁部の交易においては不平等な交換が行なわれ、剰余価値が搾取される。（イマニュエル・ウォーラステイン，　山下範久（訳）『入門・世界システム分析』2006年．藤原書店）

28　行き過ぎた利潤の追求による弊害をなくし、民主的な運営により、人間や環境にとって持続可能な経済社会をつくることを目的とする概念。 資本主義でも共産主義でもなく、それらに代わる新たな経済の枠組で、共同組合やNPO、相互会社、共済組合、農協、生活共同組合、信用金庫、財団等第3セクターが社会経済運営を行なう。

た周縁部で既に始まっているのだ。

タイには、暮らしに必要なモノを地域にある身近な資源を使ってつくり、資源を循環させながら、豊かな文化を築いてきた長い歴史がある。タイには、高所得国が文明の代替モデルとして学べるサステナブルなモノづくりがあると考える。タイのような、高中所得国は、高所得国のモデルになるだけでなく、低所得国や低中所得国が、高所得国の犯した過ちを繰り返さないためにも、新たな道を示すことが求められる。本書では、今まで顧みられなかったタイのモノづくりに焦点を当て、今の持続不可能な文明に代わる、新たな文明の姿をタイのモノづくりから模索したいと思う。変革は常に中心ではなく、周縁部から始まるのが歴史の常である。本書では、タイのようなグローバル・サウスで始まっている変革の種について議論していくが、その前にタイの社会経済と環境・社会問題の関係性と社会経済発展ツールとしてのモノづくりの現状について見ていきたい。

第2章
現代タイの社会経済と環境・社会問題、モノづくりの現状

1. タイの社会経済

タイは、インドシナ半島中央部に位置し、西部や北部はミャンマー、南部はマレーシア、東部はカンボジア、東北部はラオスと国境を接している。国土は、南北に約1900km、東西に約800km伸びており、地図で見ると、ちょうど象の顔のように見える。歴史的にタイは、柔軟なバランス外交によって、東南アジアでは唯一欧米からの植民地支配から免れ、現在まで王朝を維持し、国王を元首とする立憲君主制を政体としてきた[1]。タイの国土面積は51万3120km^{2}で、日本の約1.4倍ある。行政区画は、首都のバンコク都と76の県によって構成されている。また、地理的·風土的な特徴によって、中央部、北部、東北部、東部、西部、南部の6つの地域に分けられている。

基本的にタイの気候は熱帯気候であるが、国土が南北に伸びているため、南部は熱帯モンスーン気候[2]、それ以外はサバナ気候[3]に属している。タイの総人口は約6980万人(2022年時点)で、日本の人口の55%ほどである。北部の山岳地帯を除いて、高原と平野が国土の大部分を占めているため、人々は各地に分散して暮らしている。人口密度は、1km^{2}あたり128人で、1km^{2}あたり338人の日本よりも低い。そのためか、タイの人々は、あくせくせず、悠々と暮らしている

1 現在は、チャクリー王朝の第10代国王ラーマ10世(マハー・ワチラーロンコーン・プラワチラクラオチャオユーフア国王陛下)が統治している。

2 1年を通じて、気温は高く、雨量が多い。一番寒い時期でも平均気温は、18度を下回ることがなく、1年中、気温の変化がほとんどない。

3 熱帯地域に分布する気候の1つであるが、熱帯なので1年を通して比較的気温が高く、最も寒い月でも平均気温は18度以上ある。雨季と乾季の差も明確なのが特徴である。

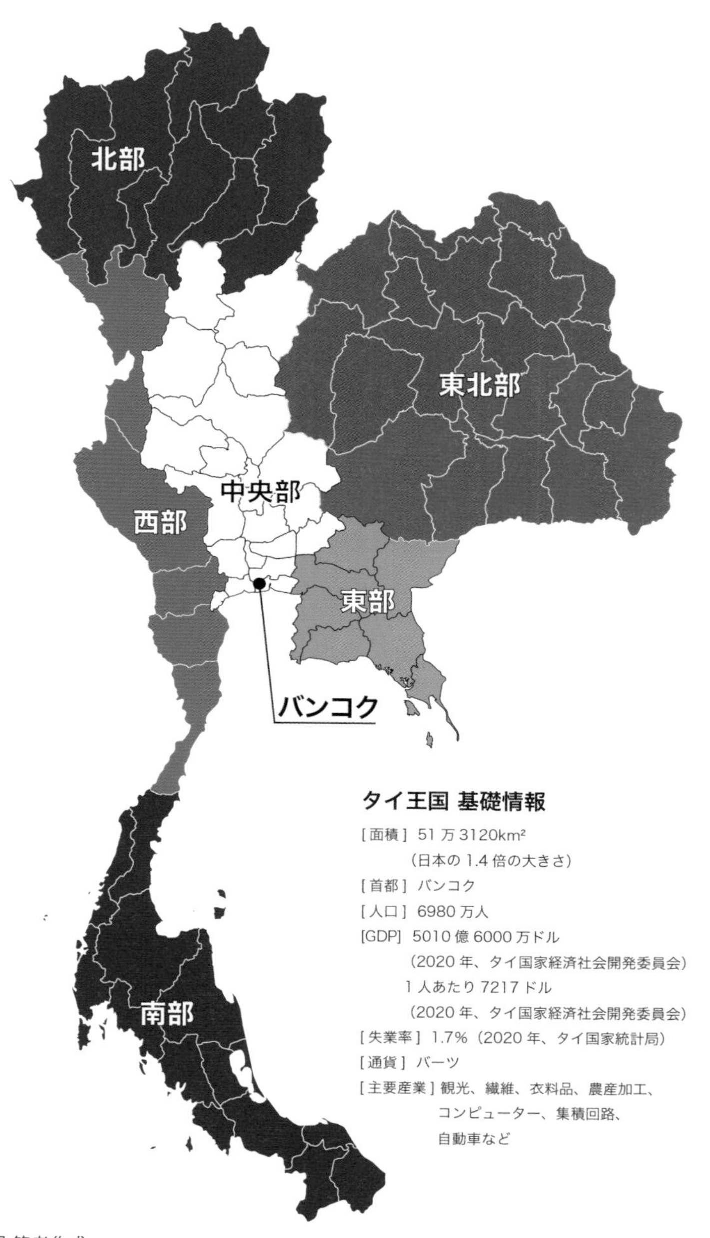
北部
東北部
中央部
西部
東部
バンコク
南部
タイ王国 基礎情報
[面積] 51万3120km²
(日本の1.4倍の大きさ)
[首都] バンコク
[人口] 6980万人
[GDP] 5010億6000万ドル
(2020年、タイ国家経済社会開発委員会)
1人あたり7217ドル
(2020年、タイ国家経済社会開発委員会)
[失業率] 1.7% (2020年、タイ国家統計局)
[通貨] バーツ
[主要産業] 観光、繊維、衣料品、農産加工、
コンピューター、集積回路、
自動車など

タイの地図 筆者作成

東南アジアを代表する大都市バンコク　筆者撮影

ように見える。バンコク首都圏[4]を含む中央部は、全人口の28.1%が住んでおり、人口が一番集中している地域である。以下、人口が多い地域順に、東北部には全人口の27.5%、北部は16.9%、南部は13.7%、東部は8.4%、西部は5.3%が住んでいる[5]。人口の約85%はタイ族だが、華人やマレー族、山岳地帯には少数民族[6]も暮らしている。これに加え、海外からやってきた駐在員やその家族[7]、周辺諸国からの出稼ぎ労働者等、約490万人の外国人が暮らし、また、毎年約4000万人の旅行者が世界中から訪問する[8]。また、隣国ミャンマーでの宗教間の対立や

4　首都バンコクを取り巻く都市的地域で、バンコク都と隣接しているタイ中部の5県（ノンタブリー県サムットプラーカーン県、パトゥムターニー県、サムットサーコーン県、ナコーンパトム県）を指す。人口は1400万人を超える東南アジアを代表する大都市圏の1つとなっている。

5　国際協力銀行「第24章地域別の概要」『タイの投資環境』https://www.jbic.go.jp/ja/information/investment/images/inv-thailand24.pdf（最終閲覧日：2022年10月28日）

6　全人口の約1.5%（約93万人）を占める。主な少数民族は、カレン族、モン族、アカ族、ラフ族、リス族等である。

7　タイの日系企業の数は5856社で、タイの在留邦人は、8万1187人で年々増加傾向にある。筆者の子どもが通っていた、バンコクの泰日教会学校（日本人学校）は世界最大規模で、生徒数は約2600名である。

8　世界観光機関（World Tourism Organization）によると、タイは、世界観光ランキングで10位内

民族同士の紛争、少数民族への弾圧等からタイに逃れてきた約9万6000人もの難民が難民キャンプで暮らしている[9]。タイ人の大多数は仏教徒（94%）であるが、南部のマレー系住民を中心にイスラム教徒（5%）、キリスト教徒（0.6%）も存在している。タイ南部のマレーシア国境に近く、マレー語圏であるパッターニー県やヤラー県、ナラティワート県では、イスラム系武装組織による分離独立を求める地域紛争「タイ深南部問題[10]」も存在している。

タイのGDP（国内総生産）は、2020年に5010億6000万ドル（世界26位）、1人当たりでは7217ドル（約106万円）になり、類型的には高中所得国[11]に分類される。筆者が、IMF（国際通貨基金）の統計データ[12]を使って、2000年から2022年までのGDPの平均値を計算したところ、タイは毎年、約3.4%で経済成長している。2008年のリーマンショックや2011年および2014年の軍事クーデター、2013年の反政府デモ、2020年の新型コロナウイルス感染症パンデミック等によって、時折、経済成長が落ち込むことがあるが、一時的であり、大局的に見ると堅調に成長している。タイ経済を支える主要産業を見ると、農業や観光産業、製造業（繊維、衣料、農産加工、コンピューター、集積回路、自動車等）となっている。農業の就業者は最も多く、労働人口の約30%を占めているが、GDPに占める割合は10%未満である。一方、製造業の就業者は約15%だが、GDPに占める割合は約30%となっており、最も高くなっている[13]。観光産業の就業者は約25%で、GDPに占める割合は約20%となっている。製造業は、一大消費地であるバンコクに近く、また国際貿易港レムチャバン港にアクセスし易い、東部（サムットプラーカーン県やチョンブリー県、ラヨーン県等）や中央部（パトゥムターニー県やアユタヤ県等）を中心に一大集積地となっており、他の地域は、農業（農産加工業を含む）や地域固

に入る観光大国である。

9 国連UNHCR協会「タイでの数十年を経て、ミャンマー難民が祖国へ戻る」https://onl.tw/M4QvG2n（最終閲覧日：2023年10月3日）

10 タイ南部にあるパッターニー県、ヤラー県、ナラティワート県を中心に、治安部隊と「パッターニー県・マレー民族革命戦線」との間に起こっている紛争。1948年にマレーシア国境に近い、タイ南部での民族的・宗教的な分離主義者の反乱として始まり、現在でも紛争は続いている。

11 経済産業省「第1節 新興諸国経済の類型化」『通商白書2015』https://onl.tw/z42ZR2K（最終閲覧日：2022年10月28日）

12 IMF. Thailand Real GDP Growth. https://rb.gy/ueet9m（最終閲覧日：2022年11月2日）

13 外務省「タイ王国　基礎データ」https://onl.tw/H95uce7（最終閲覧日：2022年10月28日）

有の自然・文化資源を生かすことができる観光産業が、経済活動の中心となっている。

タイにとって、製造業や観光産業は経済を動かす主要なエンジンであり、農業は人々の胃袋を満たすだけではなく、余剰労働力や失業者を吸収するセーフティネットとして機能している。例えば、新型コロナ感染症パンデミックで仕事を失った人々の中には、食うに困らない田舎へ一時的に帰り、家族や友人の農作業を手伝う人が多くいた。また、地方の農村では、多種多様な作物が自生しているため、現金収入が少なくても、ある程度自給自足的に暮らすことができる。このように、タイにとって農業は、経済基盤としてだけではなく、生存基盤としても機能している。

Global Footprint Networkのデータによると、1986年までタイのエコロジカル・フットプリント[14]は、1.0グローバルヘクタールで、ちょうど地球1個分であった[15]。この時のタイ全体の社会経済は、環境収容力内にあり、この時のタイの姿は、持続可能な社会の1つの姿といえる。この中には、首都バンコクやパタヤ、プーケット、チェンマイ等、比較的に資源需要が高い地域も含んでいる。これは、見方を変えると、周縁部である農村地域や都市部のスラムでの社会経済活動は、環境収容力をかなり下回っていたが、それは同時に、基本的ニーズを満たす資源やエネルギー消費が十分でなく、貧困が深刻だったことを意味する。

1985年のプラザ合意以降、安価な労働力を求めて、数多くの日本企業が続々とタイに進出してくる1987年あたりから、タイ経済が急速に発展し、タイの社会経済活動は、環境収容力を凌駕していく。2022年現在、タイのエコロジカル・フットプリントは、2.3グローバルヘクタールであり、タイの社会経済活動は、既に環境収容力を大きく超えている。この中には、資源需要が高いバンコクやパタヤ、チェンマイ、プーケット、ホアヒン等の国際観光地のほか、生活水準が改善された農村地域等が含まれている。エコロジカル・フットプリントに関する地域毎のデータがないため、バンコク等の資源需要が高い一部の地域を除いた、農村地域のエコロジカル・フットプリントは不明である。

14　地球の環境容量を表している指標。人間の社会経済活動が環境に与える負荷を資源の再生産および廃棄物の浄化に必要な面積として示した数値。

15　https://data.footprintnetwork.org/#/

タイは、2010年に中高所得国に仲間入りした。筆者は、2005年にタイへ移住した時から、バンコクでの暮らしは、東京と変わらないと感じてきた。個人的な感想だが、バンコクの資源消費量は高所得国と同レベルにあるといって良いかもしれない。しかし、都市部との激しい経済格差や、タイに長年住み多くの現場を訪れた実体験から、タイの農村地域は、人々の基本的ニーズを満たすための資源やエネルギー消費をしながらも、現在も社会経済活動は環境収容力内、もしくは、大きく超過していないように感じる。また、都市部においても、スラム等、中心部から周縁部に追いやられている人々の暮らしも同様だと感じる。1人当たりのマテリアル・フットプリントも、持続可能な資源消費レベルである1人当たり年間6～8トンに近いのではないだろうか。タイの農村地域やスラム等の都市の周縁部では、衣食住に関する物は、必要な時に比較的自由に手に入る。また、30バーツ医療制度（サームシップ・バーツ・ラクサー）[16]のおかげで、必要な時に基本的な医療にもアクセスできる。必要な義務教育も整備されている。しかし、このような周縁部でも、経済・教育・医療・所得格差、自然環境破壊や貧困問題は現実のものとしてあり、絶対的な理想郷ではない。

2. 社会経済の発展と環境・社会問題との関係性

タイには、熱帯雨林や海岸沿いのマングローブ林、山地常緑林、肥沃な湿地等、各地に豊かな自然が残っている。タイを含む東南アジアは「Indo-Burma Hotspot」と呼ばれ、生物多様性ホットスポットに位置する世界でも貴重な地域である[17]。生物多様性スポットとは、地球上で生物学的に特別豊かでありながら、同時に破壊の脅威にさらされている場所のことで、世界で36カ所の生物多様性ホットスポットが選定されている[18]。ちなみに日本もその内の1つである。国際

16 1回の外来や入院につき30バーツ（約120円）の本人負担で幅広い治療を受けることができる医療制度。2002年に導入された。

17 Critical Ecosystem Partnership Fund. *Indo-Burma*. https://onl.tw/r7kzAkZ（最終閲覧日：2022年11月1日）

18 コンサベーション-インターナショナル「生物多様性ホットスポット」https://onl.tw/8xWVmLG

連合開発計画（UNDP）によると、タイには、世界全体の約8%に当たる約1万5000種の植物種があり、約302種の哺乳類、980種以上の鳥類、320種の爬虫類、120種の両生類が生息しているという[19]。このような豊かな自然は、この地に暮らす人々に、豊かな自給自足的な暮らしをもたらしてきた。1279年に即位した、スコータイ王朝[20]のラームカムヘーン王[21]が残した碑文[22]には「水に魚あり、田に米あり」とあり、タイの人々は、豊かな自然を基盤に、食うに困らない豊かな暮らしをしていたことを伝えている。しかし、近代に入り貨幣経済が導入されてからは、自然利用の目的は「自給自足的な暮らしの再生産のため」から「資本蓄積のため」へと変化していった[23]。

資本蓄積を目的にした自然利用とその結果は、社会経済の発展段階によって大きく異なる。大泉によると、タイの社会経済の発展は3つの段階を経てきたといわれている[24]。第1段階は、家内工業[25]を基盤とした農村社会。第2段階は、安価な労働力と豊かな自然資源を活用した軽工業社会[26]。第3段階は、外資を導入し、輸出志向的な経済を目指した重工業社会である。しかし、筆者はタイ社会全体が上記のように段階的に移行しているとは考えていない。むしろ地域によって発展段階が異なり、混在していると考える。したがって、自然の利用とその結果も地域によって違う。例えば、タイの典型的な風景として思い浮かべる稲作の風景は、1855年にタイ（当時の国名はシャム）がイギリスと交わしたバウリング条約[27]によって、王室貿易独占体制が崩壊したことをきっかけに、タイ王室が新たな財源づくりのため、肥沃な土壌に恵まれていたチャオプラヤー川河口デル

（最終閲覧日：2023年10月4日）

19　UNDP BIO FIN. *Thailand.* http://bitly.ws/w5IZ（最終閲覧日：2022年11月1日）

20　1240年頃から1438年に現在のタイに存在した王朝で、タイ族最初の王朝。

21　スコータイ王朝の3代君主。

22　1833年に、ラーマ4世（モンクット王）がスコータイ旧市街から発見したものとされ、2003年には、ユネスコの「世界の記憶」遺産に登録された。

23　Suehiro. A.1996. *Capital Accumulation in Thailand 1855–1985*. Silkworm Books.

24　大泉啓一郎「「タイランド4.0」とは何か（前編）―高成長路線に舵を切るタイ―」『環太平洋ビジネス情報』17. 2017年.

25　生産者が自宅の一部を作業場所にし、家族や使用人等によって、簡単な技術や設備、道具を用いて製品を生産する、小規模な工業のこと。

26　繊維や食料品、印刷業等、生産物の重量が比較的軽い工業のこと。

27　1855年にイギリスと結んだ不平等な通商条約。

タに運河を築き、中部一帯を広大な稲作地帯につくり替えて生まれた人工的な風景である。その結果、タイは世界最大の米輸出国になった[28]。さらに、第3段階が始まる1980年以降は、外資を誘致するための工業団地や住宅地等の不動産開発が急速に進み、優良な農業用地は破壊され、現在の姿に至っている。現在も第2段階にある東北部では、農家は現金収入を得るために、森林を開墾し、畑をつくり、キャッサバやサトウキビ等の換金作物を栽培したり、食品に加工したりしている。地力を収奪した後は、そのまま放置するため、荒地も多く存在し干ばつが常態化している。続いて、第2段階にある南部では、マングローブ林や熱帯雨林を開墾し、もしくは既に破壊された後の土地に、ゴムノキやアブラヤシ、ココナッツ等の栽培がプランテーション方式で行なわれている。第2段階にある北部では、森林を開墾し、もしくは既に破壊された後の土地に、サトウキビや大豆、トウモロコシ、落花生、タバコ、コーヒー、養豚、チーク等が植えられ、栽培されている[29]。

タイは、1855年から1950年代までは、農業が経済を牽引する農業国だったが、1960年代の初頭にサリット政権[30]が国家経済開発計画を導入した後は、工業や観光産業が牽引する工業国へ変化した[31]。1980年代以降、高度経済成長が始まると、中流階級が分厚くなり、自家用車を持つようになったり、海外旅行へ行くようになったりと、人々のライフスタイルも「自給自足的な暮らし」から「消費主義的な暮らし」へ変化した。タイは農業国から工業国へと変わったが、工業化に伴う国の社会開発が十分に行なわれなかったため、経済格差が深刻化し、多くの社会問題を生み出した。例えば、貧困に苦しむ農家や低所得者は、違法な焼畑によって無計画に農地を拡大したために、森林が破壊され、その結果、深刻な農地の干ばつや土壌浸食、土壌劣化を引き起こしている。ちなみにタイ全体で

---

28 2012年にインドに抜かれるまでタイは世界最大の米の輸出国であった。農林水産省のデータによると2020年度はインド、ベトナムに次いでタイは世界第3位である。

29 雨河祐一郎「タイにおける小規模家族農業：持続可能な農業をめぐる模索と葛藤」『開発学研究』26(3). 2016年. pp.4-13.

30 サリット・タナラット（任期は1959年2月9日~1963年12月8日）。クーデターによって実権を握り、第14代タイ国総理大臣に就任した。独裁者と知られ、反対する者や犯罪者に過酷な刑罰を科したが、経済成長の基盤を整えた。1963年12月8日に急死した。

31 日本政策投資銀行「タイの工業化の概要」https://onl.tw/D9J3Fdh（最終閲覧日：2022年11月1日）

は、1850年代には70%を超えていた森林被覆率は、1945年には61%、1973年には43.2%まで減少した。73年以降は減少スピードが鈍化するが、1990年代の始めには26.6%まで減少した時期もあった[32]。2021年現在、政府の森林保護政策（例えば丸太の輸出禁止）や王室プロジェクト[33]、植林活動の効果もあり、森林被覆率は徐々に回復し、現在は31.6%となっている。しかし、東北部での森林消失は激しく、現在14.9%しか残っていない[34]。さらに、干ばつや土壌劣化は農村地帯に貧困を生み出し、東北部を中心にバンコクへの出稼ぎ労働者[35]を生み出している。また、森林破壊は、土砂崩れや洪水、水不足を引き起こす等、深刻な災害も引き起こしている。そして、農家が雨季を控え農作業準備のために行なう違法な野焼きや、サトウキビの収穫のために梢頭部や葉を燃やす焼畑は、深刻な大気汚染も引き起こしており、大気質指標が200を超える日（特に1月から3月）も珍しくない[36]。

また、社会経済活動の拡大は、深刻な交通渋滞も引き起こしている。基本的にタイは車社会で、バンコクの交通渋滞は世界的に有名である。交通渋滞は、都市の構造的な要因と制度・文化的な要因があると考える。都市の構造的な要因では、バンコクは、基盤の目ではなく魚の骨のように、幹線道路から「ソイ」と呼ばれる、狭く長い路地が横に延びる都市デザインになっている。そのため、ソイに住んでいる住人が一斉に外出しようとすると交通麻痺を起こしてしまう。さらに、降雨量が多い地域であるにもかかわらず、合流式の排水システム（雨水と下水同一の管渠で排出するため排水能力が低くなる）を採用しているため、一度雨が降るとすぐに道路が冠水し、交通麻痺を引き起こす。制度・文化的な要因では、200バーツ（約790円）の検査料を支払い数分の検査で終了してしまう車検によって、大量生産される整備不良の自動車が道路の真ん中で故障したり、ガタガタ

32　Leblond. J.P.2019. Revisiting Forest Transition Explanations: The Role of "Push" factors and Adaptation Strategies in Forest Expansion in Northern Phetchabun, Thailand. *Land Use Policy. Vol. 83*. pp.195-214.

33　1950年代からタイ王室メンバーが農村部の農業や工芸品等を支援・開発するために始めた。タイ国民の生活向上のための様々なプロジェクトを積極的に実施している。

34　タイ国立公園・野生動物・植物保全局（Department of National Park, Wildlife and Plant Conservation）のデータより。

35　出稼ぎ労働者は、バイクタクシーの運転手や宅配員、警備員、工事現場の作業員、屋台、レストランの給仕係、セックスワーカー等として働くことが多い。

36　大気質指標とは大気汚染の程度を示す数値。タイ北部のチェンライ県やチェンマイ県では400や500を超える日もある。300以上は「危険」で、全ての人が屋外活動を中止する必要がある。

大気汚染で直視できるようになった太陽　筆者撮影

で穴が空いている道路がそのまま放置されたり、朝夕の通勤ラッシュ時に多発する運転マナーの悪い自動車やバイク、バスの運転手が交通事故を起こしたり、道路交通法[37]が改正されても、以前と同様、交通警察は積極的に取り締まらない等がある。筆者が滞在中、煽り運転や危険運転に遭遇した回数は数知れない。また、1日に何件もの交通事故[38]や故障車を目撃することも珍しくなかった。

深刻な交通渋滞対策の切り札として、バンコクの都市部では高架鉄道（BTS、バンコク・スカイトレイン）や地下鉄（MRT、バンコク・メトロ）が敷設され、また郊外に延伸されている。徐々に移動の利便性が高まってきてはいるが、駅周辺に住んでいない大多数の人々にとっては、依然不便なままである。そのため、経済的に余裕のある人は、自動車やバイクによる通勤・通学を好む。タイのドラ

37　2022年9月5日に道路交通法が改正され、飲酒運転や制限速度超過等厳罰し、罰金額等もが大幅に引き上げられた。

38　JETROビジネス短信によると、タイは、10万人当たりの交通事故死亡者数は36.2人と世界2位である。交通死亡事故の原因の1位は飲酒運転、次いでスピードの出し過ぎとなっている。JETRO「交通事故死亡者数が増加、世界2位のタイ」https://onl.bz/NmUEFg4（最終閲覧日：2022年2月22日）

バンコクの交通渋滞(ウィパーワディーランシット通り)　筆者撮影

イバーが交通渋滞により無駄にする時間は、年間平均61時間で、世界1位だという[39]。交通渋滞は、タイ経済全体では年間で1600億円の経済的損失を生み、交通渋滞によって1日当たり約1億5000万円分の燃料が無駄に消費されているという[40]。また、焼畑や野焼きもそうだが、交通渋滞は、PM2.5[41]や二酸化窒素、一酸化炭素等、微小粒子状物質を大気に撒き散らす。さらに、バンコクの至る所で進むビルの建設現場からは粉塵が飛散し、未だ多く走る古い型のバスやトラック（多くは日本の中古車）や整備不良の自動車からは黒煙が大量に吐き出される[42]。これに、質の悪い道路から削られ、舞い上がるアスファルトも加わる。大気汚染が深刻となる2月や3月は、バンコクや周辺部にある学校の全校朝会や外体育

39　バンコク不動産「コロナ禍以降のタイ・バンコクの交通事情と問題点」https://bangkokfudosan.jp/(最終閲覧日：2022年11月15日)

40　松島聡子「SDGsリレーブログ vol.05 タイ編 情報技術で渋滞解消！快適な移動を実現するには」日本科学未来館　SDGsリレーブログ　Vol.5 タイ編.https://onl.tw/vWrCQQT(最終閲覧日：2022年11月20日)

41　大気中に浮遊している直径2.5μm(マイクロメートル)以下の極めて小さな粒子のこと。

42　自動車関連でいえば、交通事故による死亡事故も多く、2015年に発表されたWHOのデータによると、人口10万人あたりの死亡者数は36.2人で世界ワースト2位となっている。

の授業が度々中止になった[43]。このような状況から、大気汚染を原因とした喘息や気管支炎といった呼吸器系の疾患や肺がん等、健康リスクが特に脆弱な高齢者を中心に増加している[44]。筆者も1月から3月にかけて、喉の痛みや鼻水、くしゃみ、咳、目の痛み、眩暈、倦怠感に酷く悩まされ続けた。

また、タイでは、社会経済活動拡大の象徴として、目が眩むほどの大きさのショッピングモールが数多くつくられており、毎日多くの人々が、何でも揃うショッピングモールに吸い込まれていく。バンコク近郊にあるタイで一番大きいショッピングモールのセントラルウエストゲートの売り場面積は55万m^2で、駐車可能台数は7000台である。２番目に大きいのは、2018年にバンコクのチャオプラヤー川沿いに開業したアイコンサイアムで、売り場面積は52万5000 m^2あり、駐車可能台数は5000台である。3番目は、バンコク中心地、サイアムにあるサイアムパラゴンで、売り場面積は40万m^2あり、駐車可能台数は4000台である。ちなみに、日本で一番大きな売り場面積を持つ百貨店は、大阪にある、あべのハルカス近鉄本店であるが、売り場面積は10万m^2で駐車可能台数は180台である。タイのショッピングモールに出店している店舗は、欧米や日本の高級ファッションブランドやカジュアルファッションブランドを始め、ロールス・ロイスやフェラーリ、ベントレーといった超高級車の展示販売も行なわれている。アイコンサイアムの中には、日本の高島屋も入居しており、日本から直輸入したフードマイレージが高い旬の生鮮物がずらりと並ぶ。多くのショッピングモールのレストラン街やフードコートに行くと、世界中の料理を食べることができる。また、どのショッピングモールも常にこれでもかというほど冷房が効いており、週末になると観光客や子どもから高齢者まで、大勢の人たちが大挙してくる。しかし、ショッピングモールの中に入るにも、中から出るにも深刻な交通渋滞が発生し、ショッピングモールでの旺盛な消費は、多くの廃棄物を発生させることにつながっている。

一方で、ショッピングモールから一歩外に出れば、このような煌びやかな世

---

43 泰日教会学校（バンコク日本人学校）は、学校周辺の大気汚染指数が200を超えると早退措置が取られる。

44 Phosri. A. et.al. 2019. Effects of Ambient Air Pollution on Daily Hospital Admissions for Respiratory and Cardiovascular Diseases in Bangkok, Thailand. *Science of the Total Environment 651(1).* pp.1144-1153.

バンコクのクロントゥーイにあるタイ最大のスラム　筆者撮影

界とは無縁な人々も存在している。仕事を求め、地方から都市へ流入する人々がスラムを形成し、貧困・格差が見える化されている。また、スラム形成に伴い、麻薬やHIV/AIDS感染が、特に1990年代の前半から急速に拡大した。現在、HIV/AIDSは減少傾向にあるが、スラムが麻薬の温床となる等、現在でも大きな社会問題になっている。

社会経済活動の拡大は、廃棄物問題も生んでいる。2021年のタイ全体の固形廃棄物排出量は、約2500万トンであり、そのうち790万トンは、リサイクル可能なプラスチック廃棄物であった[45]。昨今では、タイ天然資源環境省が「プラスチック廃棄物管理に関するロードマップ 2018-2030」(Thailand's Roadmap on Plastic Waste Management 2018-2030)を公表し、プラスチック廃棄物削減の動きが本格化している。きっかけは、2018年にタイ南部にあるソンクラー県の浜辺に打ち上げられた鯨の胃から85枚もの使い捨てのレジ袋やプラスチック廃棄物が見つかったことが大きく報道されたことで、それにより一般市民の間にもプラスチック

45　Statista「2012年から2021年までのタイの固形廃棄物の量」https://onl.tw/VCwQS6v（最終閲覧日:2022年11月15日）

廃棄物削減の機運が高まったのである。タイは、年間450億枚もレジ袋を消費する世界有数のレジ袋消費国であるが、この報道を受け、タイの小売業者協会に加盟する50社の呼びかけに応じた約2万5000店舗がレジ袋を自主的に廃止したという[46]。その結果、現在では、自主規制もあり、大手スーパーマーケットでは、マイバックを持参することが当たり前になっている。しかし、法律ではなく、あくまでも業界の自主規制なので、規制外の生鮮市場や屋台でのテイクアウト、宅配サービスでは、未だ使い捨てのレジ袋やビニール袋が主流となっている。また、大手スーパーマーケットで使い捨てのレジ袋が削減されても、売られている多くの商品パッケージにはプラスチックが使用されているので、あまり意味がない。

また、日本と同様、ごみを捨てるのに、使い捨てレジ袋が使われている。そして、ごみ回収のデザインが分別するようになっていないため、プラスチック廃棄物や生ごみ、危険廃棄物、事業ごみ、屋台から出るごみ、粗大ごみ、電子ごみ等、全て混ざった状態で捨てられている。ごみ収集所には、ネズミや害虫、野良犬、野良猫、野鳥が集まったり、収集所から悪臭が漂ったりすることも度々あり、生活環境が損なわれる。基本的にタイでは、プラスチック廃棄物は、自治体のごみ回収の際に、収集作業員がこっそり分別回収するか、ウェストピッカー[47]やサレーン[48]と呼ばれるインフォーマル・セクター（法的な手続きを取っていない企業や活動）の人々によって、ごみ捨て場からこっそり回収され、リサイクル業者に売られる。分別回収が徹底されていないため、多くの人にとって、ごみを分別する意義が見出せない[49]。自治体によるごみ収集がずさんな地方では、ごみを野焼きにしたり、海や森に不法投棄したりする住人も多い。たとえ回収されても、ごみの焼却場は全国にも3ヵ所しかなく、多くは最終処分場でオープンダンピング（野積み）されている。そして、最終処分場では、悪臭や害虫の発生、廃棄物の飛散

46 高田胤臣「レジ袋を廃止したタイが、早くも迷走し始めた理由」ダイヤモンド・オンライン. 2020年7月30日. https://onl.tw/Bd53vCD（閲覧最終日：2022年11月20日）

47 路上や廃棄物処分場で、ビン・缶等の有価物を収集する人。

48 プラスチック廃棄物等、有価物を買い取ってくれる専門の人々の呼称で、三輪モーターサイクルに乗り各家庭を訪問して有料で有価物を買い取ったり、ごみ収集所で有価物を漁ったりする人々の呼称。

49 Iwase, D. 2008. *Design for Sustainable Waste Collection System*. Master Thesis at the Graduate School of Architecture and Design King Mongkut's University of Technology Thonburi.

東部チョンブリー県にあるバンセーンビーチに漂着した廃棄物　©Richard　Barrow

による公衆衛生の悪化、メタンガス発生による火災、地球温暖化の促進、浸出水集排水管の不備による水質汚染や危険・有害廃棄物混入による土壌汚染によって、生態系の破壊や周辺住民に健康被害を生んでいる。また、タイは、廃棄物を海に垂れ流す国として世界ワースト6位に入り、大量の廃棄物が海水浴場に漂着して社会問題化する等、社会経済活動の再生産に影響を与えている[50]。筆者もタイ滞在中、海や川沿いのレストランや市場で、「魚の餌になる」という理由で、客が残した食べ物を海に直接投げ捨てたり、下水が直接床下の海に垂れ流されたりする現場を何度も目撃した。

社会経済活動に起因する自然環境問題は、生態系の破壊だけではなく、自然の物質代謝に組み込まれている社会経済活動の再生産の破壊でもある[51]。人間は自然の一部であり、人間は自然から食べ物や水、資源を採取し、便や尿、廃棄

50　Iwase, D. 2011. Power Relations in Tourism and Environmental Transformation in Bang Saen, Thailand. *Environment and Natural Resources Journal 9 (2).* pp.1-10.

51　田坂敏夫『熱帯林破壊と貧困化の経済学―タイ資本主義化の地域問題』御茶の水書房. 1991年.

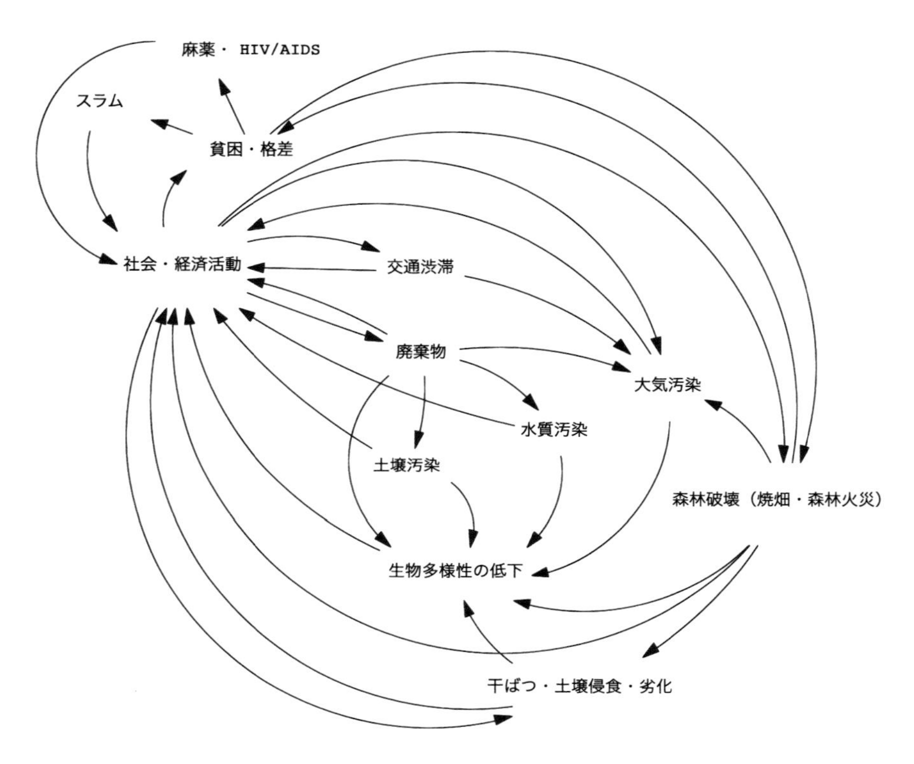

タイの社会経済活動と環境・社会問題との関係性　筆者作成

物を排出し生きている。一方、自然は、排出された廃棄物を分解し、土を肥やし、植物を育む。また、排出した二酸化炭素は、植物の光合成を通じて酸素に変換される。19世紀ドイツの思想家で経済学者だったカール・マルクスは、このような循環を「人間と自然との物質代謝」と呼んだ。自然との物質代謝に組み込まれていることを無視した、向こう見ずな一方的な社会経済活動の拡大は、経済活動の基盤である生態系を破壊し、生物多様性を低下させている。生物多様性を回復させなければ、自然の物質代謝に組み込まれているタイの社会・経済の再生産は、最終的には不可能になるだろう。しかし、タイ政府も現状に手をこまねいているだけではない。タイ政府は、2019年に未来の社会経済の発展モデルとしてBCG経済モデルを策定した。各地域に豊富にある、再生可能な自然資源を活用したサステナブルな経済活動（モノづくりも含む）を推進することにより、高い付加価値を持続的に創造し、貧困・格差等の経済不平等を緩和し、先進国入りすることを目指している。所得再分配政策が機能していない等、格差の元凶である富裕層を優遇する政治構造は変えず、経済構造のみをグリーン化し、低所得者層の底上げすることによって、目論見通りの結果がもたらされるのか否か、注視していく必要があるだろう。

3. 社会経済発展ツールとしてのモノづくりについて

本項では、タイのデザイン賞である「デザインエクセレンス賞（DEマーク）」と「一村一品運動（OTOP（オートップ））」を事例に、社会経済活動の発展拡大ツールとしてのモノづくりについて見ていく。デザインエクセレンス賞とOTOPは、政府主導によって行なわれている取り組みである。筆者がデザインエクセレンス賞に着目する理由は、デザインエクセレンス賞はタイのデザイン振興制度であり、創造経済（創造性が経済発展の中核的な資源となる経済）の牽引役として捉えられるモノづくりだからである。また、OTOPに着目する理由は、タイの農村経済の牽引役として タイ全土で取り組まれているモノづくりだからである。

■デザインエクセレンス賞に見るモノづくり

デザインエクセレンス賞[52]は、2008年に公益財団法人日本デザイン振興会（JDP）の支援のもと、タイ政府商務省内部部局である輸出振興局（DEP）によって創設された。 2012年にDEPは、国際貿易振興局（DITP）という名称に変更された。本書では混乱を避けるために、以後はDITPに統一する。デザインによって製品・サービスのデザイン強化を図ることにより、タイの産業育成と活性化やタイ製品の国際競争力を強化し、輸出拡大を目指しており、タイの優れたデザインに与えられる最も名誉ある賞である。2008年にDITPは、JDPと連携協力協定を締結し、デザインエクセレンス賞への審査委員の派遣や同賞受賞デザインのグッドデザイン賞での1次審査の免除、両国での受賞展示会の開催等、積極的に交

52　デザインエクセレンス賞のウェブサイト：https://demarkaward.net/

デザインエクセレンス賞のマーク(DEマーク)©タイ商務省国際貿易振興局

流を深めている。

デザインエクセレンス賞を受賞したデザインに与えられるDEマーク（ディーマーク）は、タイ語で発音するとDī māk（とても良い）という意味を持つ単語の発音に似ている。また、DEマークの渦巻型のデザインは、タイ数字の1をモチーフにしており、一番（優秀・エクセレンス）という意味がマークのデザインに込められている。デザインエクセレンス賞の応募カテゴリーは(1)家具、(2)贈答品や装飾品、生活用品、(3)ファッションやアパレル、皮革製品、ジュエリー、テキスタイル等のファッション製品、(4)家電やデジタル機器、オフィス機器等の工業製品、(5)パッケージデザイン、(6)フォントやグラフィックデザイン、デジタルメディア、アイデンティティデザイン、(7)ホテルやレストラン、小売店、コンドミニアム等の建築やインテリアデザイン、の7つの領域に分けられ、2008年から2023年8月現在までに、約1280点のデザインがデザインエクセレンス賞を受賞している。

デザインエクセレンス賞の審査プロセスは、大きく2つの段階に分けられている。第1段階は、応募者から提出された書類をもとに、書類審査を実施し、合格したデザインは第2段階へ進むことができる。第2段階は、さらに2つのステップで構成され、現物審査が実施される。第1ステップでは、審査委員がデザインの基本コンセプトを審査し投票を行なう。半分以上の審査委員から票を獲得したデザインは、第2ステップへ進むことができる。第2ステップでは、デザインエクセレンス賞の審査基準に沿って採点が行なわれる。

デザインエクセレンス賞の審査基準

審査基準	審査のポイント
デザインストーリー（20点）	デザインコンセプト デザインのマーケット戦略 文化遺産的な価値を持っている
デザインの独創性（20点）	創造的である 目新しい 革新的である 新しいテクノロジー、若しくは新しい素材を使用している
情緒・美観（20点）	美観 ライフスタイルの質を高めている
ユーザーへの影響（20点）	有用性 便利 / 快適に簡単に使用できる 消費者のニーズを満たしている 安全性 ユニバーサルデザイン ユーザーの創造的思考を刺激している
社会と環境への影響（20点）	ロングライフ / 耐久性 社会的な責任を果たしている 環境に配慮している

参照：DEマークホームページより筆者翻訳

岩瀬は2018年度～2020年度の間にデザイン・エクセレンス賞を受賞した103の製品について、材料の加工手段の度合いと生産方法による分析を行ない、タイのモノづくりの特徴を3つ挙げている[53]。1つ目は、国内に豊富にある多種多様

53　岩瀬大地「タイとインドネシアデザインに見るモノづくりの特徴について」『東京造形大学研究報』

な再生可能な自然資源や農業や産業の生産工程で生まれる農産物残渣、端材を素材として活用し、手仕事を主体とした生産方法と組み合わせて家具や生活用品、ファッション製品等、生活に必要な工業製品を労働集約・手工芸的に生産している点である。特に労働集約的に生産している点に関しては、タイの場合、織物や家具、食品生産等、資本集約型（労働力より設備機械等の固定資本への依存度が高い産業）モノづくりに変換すると地域の雇用がなくなるため、労働生産性が悪くても、あえて資本集約型に変換しない事例をよく見かける。2つ目は、環境保全やサーキュラーエコノミーを意識したモノづくりに取り組んでおり、製品に使用する素材の選択や生産工程で発生する廃棄物や汚染を削減する等、環境負荷を配慮した製品（エコプロダクツ）が主流である点である。そして、最後は、主に小規模事業者が主体となって、製品を生産している点である。地域に根付いた小規模事業者が主体となることによって、労働集約型の製品生産となり、地域に雇用を創出するだけではなく、地域ごとの伝統文化や自然環境の保全に配慮したモノづくりとなっている。

デザインエクセレンス賞は、タイ製品の国際競争力強化や輸出拡大を目指しており、海外で周知活動を積極的に行なっている。2010年に東京ミッドタウン・デザインハブで、デザインエクセレンス賞を受賞したデザインを紹介展示する「微笑みの国、タイのデザイン展」を開催した。また、東京で開催された「グッドデザインショー」やパリで開催された「メゾン・エ・オブジェ（Maison & Object）」でデザインエクセレンス賞のブースを設けている。タイ国内では、外国人観光客にも人気のあるバンコクの大型百貨店、サイアムディスカバリーの一角に受賞したデザインを一堂に集める等、販売促進やタイデザインの存在感を高める活動にも余念がない。このように、デザイン振興制度を通じたモノづくりの強化によって、タイ製品の国際競争力強化や輸出拡大を促進し、タイ経済の発展につなげていこうとしている。また、タイ政府が「タイランド4.0」[54]を掲げ、育成す

---

23. 2022. pp. 51-63.

54 今後20年間に先進国入りするために、経済社会のデジタル化を加速させることによって、タイを付加価値創造社会へ移行させるというビジョン。競争力を当面強化する既存産業として（1）天然ゴム製品、（2）食品加工品、（3）石油 化学・プラスティック、（4）バイオディーゼル・エタノール、（5）自動車とその部品、（6）電子・電気製品、の6つをあげ、育成すべき未来産業として（7）クリーンエネルギー、（8）医療・衛生製品、（9）バイオ化学製品・バイオプラスティック・バ

OTOPのロゴマーク　©OTOP

べき未来産業の1つに、デザインを含む創造産業が加わったことを受け、ますますモノづくりは、経済発展の担い手としての役割が期待されると思われる。

■一村一品運動（OTOP）に見られるモノづくり

デザインエクセレンス賞に見られる、タイ製品の国際競争力強化や輸出拡大を促進するモノづくりとは違った取り組みとして、OTOP（オートップ）がある。OTOPとは、One Tambon One Productの略で、日本語に訳すと「一村一品運動」である。

タクシン・チナワット元首相[55]が、2001年に「農村に既にある資源と伝統の知恵や技術を生かし、魅力的な特産品の生産および販売によって、農民の所得向上を図り、農村部の活性化を図る」という、農村の貧困撲滅・地域振興による格差是正を目指して始まった、政府主導の地域おこし運動である。

OTOPは、タイ政府内務省コミュニティ開発局（Community Development Department）が管轄している。Tambon（タンボン）とは、地方行政最下位の組織

イオ関連素材、(10)航空産業、(11)創造産業（ファッション、デザイン、広告等）が指定された。大泉啓一郎「「タイランド4.0」とは何か（前編）」https://onl.tw/B7CvMC7（閲覧最終日：2023年6月5日）

55　タイ王国第31代首相で在任期間は2001年2月9日 ～ 2006年9月19日。2006年9月19日のクーデターによって失脚し、亡命生活をしていたが、2023年9月1日にタイに帰国した。汚職の罪等により、禁錮8年で刑務所に収監されたが、現在は、病気の治療のため病院で治療を受けている（2023年11月）。

である村（ムー・バーン）が集まって形成される「町」や「集落」で、正確にいうと村ではないが、大分県で始まった「一村一品運動」がモデルになっているため、日本では「一村一品運動」と訳されている。１つの村で１つの特産品をつくり、OTOP製品として認定・登録されると、OTOPのロゴマーク使用が許される。しかし、1つの村で1つの製品しか認定されるわけではなく、1つの村で複数の製品が認定・登録される場合もある。

OTOPを支援するため、バンコク都と76ある全ての県には、OTOP の担当者が配置され、域内での新しい特産品づくりや技術の発掘・育成に取り組む仕組みが構築されている。また、OTOPに登録したい事業者に対して、品質管理やパッケージデザイン、マーケティングに関するトレーニング、製品開発の支援や研修、NPOや大学とのマッチング支援等、付加価値の高い製品開発を行なうための支援体制も構築されている。

OTOPに登録されている製品は（1）食品（農産物や加工食品等）、（2）飲料品（酒類やジュース類、コーヒー・茶類等）、（3）生地・衣類（天然繊維または合成繊維の織物および編物等）、（4）実用品・装飾品・記念品（家庭用品やキッチン用品、家具、伝統工芸品等）、（5）ハーブ製品（ハーブを使った薬や化粧品、シャンプー等）の5つのカテゴリーに分類されている。コミュニティ開発局によると、登録されている製品の数は21万4056点となっている。内訳は多い順に、食品が7万9712点、実用品・装飾品・記念品が5万2372点、生地・衣類が3万9772点、ハーブ製品が2万6572点、飲料品が1万430点。1都76県7000以上の村が登録され、10万5783の事業者が登録されている（2022年8月12日現在）[56]。

１つの村で特産品を生み出そうとする取り組みは、農家等の生産者同士を連携させ、地域コミュニティを基盤とした生産組合の結成や農家らのグループ化による起業を促した。OTOPに参加する条件として、生産者は、コミュニティグループ（生産組合）、個人事業主、小規模事業者のいずれかである必要がある。また、生産者は（1）コミュニティ内の労働力を活用していること、（2）登録申請する県内の原材料を使用していること、（3）コミュニティが運営に参加していること等、地域とのつながりが求められる。続いて、生産者がつくる製品は（1）違

56 内務省コミュニティ開発局「データ比率レポート」https://otop.cdd.go.th/report（最終閲覧日：2022年8月12日）

法な原材料を使用していないこと、(2) 知的財産権を侵害していないこと、(3) 環境や地域コミュニティの健全性や公序良俗に反していないことが求められる。生産や販売に許可が必要な製品をつくる場合、生産許可証や販売許可証等、許認可証を事前に得ていなければならない。その上で、申請書やIDカードのコピー、OTOPに登録したい製品の画像（複数可能）を内務省コミュニティ開発局の郡事務所（District OTOP Administrative Committee）に提出する。書類の不備等を確認後、コミュニティ開発局の県事務所に設置されている県OTOP委員会（Provincial OTOP Administrative Committee）に送られ、そこで審議・承認を経て、中央OTOP委員会（National OTOP Administrative Committee）で最終認定され、公表される[57]。通常申請から最終認定まで75日程度かかる。

OTOPは、多種多様な特産品づくりを促進することにより、地域経済活動の活性化や地元の雇用機会の創出による地域振興、地元の所得向上、生活水準の向上による貧困撲滅を目的としているため、認定のハードルは比較的低く、1つのタンボンで複数の特産品が認定されている。

一方で、OTOP製品の品質向上を促し、国際競争力を持つ製品を育成するために「OTOPプロダクトチャンピオン（OTOP Product Champion）」と呼ばれる「5つ星」や「3つ星」等の星等級制（スターレート）による格付け制度を設けている。評価は点数に応じて格付けされる。5つ星は、90～100点の評価で、世界標準品質の製品または外国市場に輸出できるレベルにある製品であることを意味している。4つ星は、80～89点の評価で、国内市場レベルであるが、国際競争力を持った製品開発が期待できる製品であることを示している。3つ星は、70～79点の評価で、中程度の品質レベルであり、4つ星までの開発が期待できる製品であることを意味している。2つ星は、60～69点の評価で、3つ星まで発展が期待できる製品であることを示している。1つ星は、50点未満の評価で、競争力に乏しく、更なる開発も望めないため、2つ星にも改善できない製品であることを意味している。

OTOP認定製品をOTOPプロダクトチャンピオンに応募し、星を獲得するた

57　内務省コミュニティ開発局「แนวทางการด าเนินงานการลงทะเบียนผู้ผลิต ผู้ประกอบการ OTOP ปี ๒๕๖๓（2020年の製造業者およびOTOPオペレーターの登録に関するガイドライン）」https://www.cdd.go.th.（最終閲覧日：2022年8月12日）

OTOPプロダクトチャンピオンの評価基準

レベル	審査基準	審査のポイント
県OTOP委員会（Provincial OTOP Administrative Committee）	製品とコミュニティの強化（30ポイント）	製造（12ポイント） 商品開発（9ポイント） コミュニティの強化（9ポイント）
	マーケティングと製品の由来（25ポイント）	マーケティング（11ポイント） 製品の由来（14ポイント）
中央OTOP委員会（National OTOP Administrative Committee）	製品の品質（45ポイント）	製品の品質検査・分析結果（40ポイント） 世界市場への販売機会（5ポイント）

参照：National One Tambon One Product Administrative Board.[58] 筆者翻訳

めには、まず県のOTOP委員会が、応募された製品を評価基準に沿って評価する。OTOPプロダクトチャンピオンへの応募はいつでも可能であるが、審査は2年に1回しか行なわれないので、認定には時間を要する。また、OTOP登録事業者は、1回の応募で製品を3つまで応募することができる。県のOTOP委員会では「製品とコミュニティの強み（30ポイント）」と「マーケティングと製品の由来（25ポイント）」のみを評価する。県での評価（1次審査）が終わると、中央のOTOP委員会に送られ、残りの「製品の品質（45ポイント）」のみを評価（2次審査）する。2次審査では、各省の専門家も加わり、マーケティングや品質等について評価する。星獲得は合計点で決まる。星を獲得できない製品も多く、審査は厳しい。

OTOP製品は、OTOPフェアやECサイト、各地の空港内のショップ、タイ航空の機内販売、全国各地の常設のOTOPショップやOTOPセンター、国内の百貨店やコンビニエンスストア、スーパーマーケット、コミュニティモール、市場、道路沿いのサービスエリア、各地の観光地、ホテル等、全国2万ヵ所以上の場所で手軽に購入できる。[59]

58 National One Tambon One Product Administrative Board. *OTOP Product Champion Guideline and Criteria*. Community Development Department. 2022.

59 モンコンノラキット・モンコン，原田真知子「The Role of Marketing in One Tambon One Product (OTOP) in Thailand」『年報タイ研究』2006 (6). pp.131-147.

OTOPがタイ人の暮らしに受け入れられている背景を調査した後藤によれば、タイ人の宗教的観念「タンブン」も影響しているという[60]。タイ語でタンブンとは「喜捨」という意味である。『大辞林』によると喜捨とは「功徳を積むため、あるいは宗教的な戒律に従って、金銭や物品を寺社や困っている人に差し出すこと」である。タイ人にとって、お寺にお参りに行ったり、托鉢する僧侶に食べ物や薬を寄付したり、お寺や障がい者支援団体に寄付したり、生きものを逃してやったりする等、僧侶や困っている人、弱い人や生物に何か良い行ないをすることは基本的に全てタンブンであり、自らの功徳を積むために行なう利己的な行為である。OTOPに見られる消費の一部には、自らの功徳を積むために農村に暮らす人々を支援するという「タンブン消費」的な部分もあるといえる。タンブン消費は他者を励ましたいという側面が強い日本の「応援消費[61]」とは質が違う消費動機といえよう。

2001年OTOP開始以来、売り上げは毎年増え続け、2019年のOTOPでは、約2372億バーツ（約8960億円）を売り上げた[62]。利益はOTOP事業者や農家に直接還元されるので、地域経済の活性化や雇用機会の創出、所得向上による貧困撲滅に直接的な効果がある。また、認定･登録されたOTOP製品は、年に3回（6月開催のOTOP Mid-year、8月開催のOTOP Silapacheep、12月開催のOTOP City）、バンコクで開催される全国規模のOTOPフェアに出展ができる[63]。毎回出展ブース数は2000以上にもなり、来場者数は30万人を超え、売り上げも50億円近くになる。

OTOPフェアに行くと、出展ブースの数と商品の多様性および量に圧倒される。自分たちの住んでいる地域にある自然資源やリサイクル資源を活用して、しかも手づくりで、多種多様な生活必需品・衣食住に関するあらゆるモノを生み出すことができる、タイ人の創造力には驚かされる。多くは、有名デザイナーがデザインした「洗練されたかっこいいモノ」ではない。OTOPに共通して見られ

60　後藤恵美「地域資源を活用した製品開発と政府・自治体による支援の在り方―タイにおける一村一品運動（OTOPプロジェクト）の事例」『流通科学研究』13(2). 2014年. pp.15-26.

61　水越康介『応援消費―社会を動かす力』（岩波書店. 2022年）によると、被災地や好きなブランド、ふるさと納税、アイドル等、自分が好きな対象に関する商品を購入し、消費することによって活躍を応援しようとする行動とされる。

62　The Nation. Annual OTOP Fair to Get Underway at the Weekend. *The Nation*. December 10, 2019. https://onl.tw/RgWuiVC（最終閲覧日：2022年8月13日）

63　地域や地元レベルのフェアは無数に開催されている。

OTOPに見られるフィームー(手技) ① 絹糸を筆者撮影

るモノづくりの特徴は、生産消費者（生産活動を行なう消費者）[64]的な大衆が、自分が住む地域資源（例えば農業残渣等の自然資源やリサイクル資源、伝統文化等の文化資源、人が持つ手技や伝統知識等の社会資源等）から発想し、高価な機械や道具を使わずにつくった「使うためのモノ」であり「これでいいのだ」というデザインである。毎日に使うモノなので、人間国宝による、超絶技巧や熟練技術でつくられている必要はなく、どんどん使って、壊れてもどんどん買い換える。したがって、どれも安価であり、誰でも購入することができる。タイでは、手工芸は、美術館や一部の富裕層の家に飾られるのではなく、大衆の暮らしの中で使われ、生きている。

地域の自然やリサイクル資源を生かし、多種多様な生活必需品を大衆の手を主体にしてつくる「大衆生産」が、OTOPに見られるモノづくりの特徴なのである。国全体の暮らしを大衆による生産で支えている姿は、モノづくりが中央集権化し、少数の巨大企業が機械を主体にして独占的な大量生産で支えている日本のモノづくりとは違う。筆者は、OTOPのモノづくりを理解する上で重要な

64 アルビン・トフラー，鈴木健次・桜井元雄（訳）徳山二郎（監修）『第三の波』日本放送出版協会. 1980年.

OTOPに見られるフィームー(手技) ② 竹を編んでいる様子 筆者撮影

キーワードは、タイ語でいう「フィームー」であると考える。『タイ日大辞典[65]』によるとフィームーは「手芸」や「手腕」「腕前」といった意味だが、筆者は「手技・手業」と訳したい。フィームー、つまり手に「技」を持っていれば、暮らしの手だてとしの「業（仕事）」を起こすことが可能になり、自由にモノを生み出し、それを売って生活できる。また、自家用に消費することも可能である。地域の自然が供給できる量だけの資源を、自分たちの手がつくれる量だけつくり、売ることができる。このような、地域の環境収容力内での生産活動が、交換価値創造活動でありながら、無限の成長を目指す資本主義の暴走に歯止めを掛けている。そして、OTOPでつくられているモノを見ると、全てが、生きていくのに必要な衣食住に関連した生活必需品ばかりである。経済や政治不安、新型コロナウイルス感染症パンデミック、自然災害、戦争等、社会や世界に何かあった時、身近にある地域の再生可能な自然資源やリサイクル資源を生かして、日々の暮らしに必要な衣食住に関連した生活必需品をつくっていれば、売らなくても自らが消費するために生産することができるし、生活必需品同士であれば物々交

65　冨田竹二郎・赤木攻(編)『タイ日大辞典改訂版』めこん. 2023年.

換も容易である。市場や貨幣経済に何か起こったときに、いつでも脱市場・脱貨幣経済に移行し、生き延びることができる。

OTOPのモノづくりで使われている技術や道具を見ると、多くは特別なものではなく、経済学者のE. F. シューマッハーの中間技術論にあるような、安くて簡単に手に入れられ、小さな規模で応用でき、人間の創造力を発揮させる技術を使っている。大衆のフィームー（手技）を主体にした大衆生産は、高度な知識や高価な技術を必要としないため、誰もが参加できる包摂的なモノづくりとなり、地域の身の丈にあったスローな創造活動となっている。大企業に見られる、競合に勝ち資本蓄積のために、世界中にサプライチェーンを形成し、世界中からかき集めた資源を用いて、ハイテク技術を使って、生きるのに決定的に必要のないエコ製品をフォーディズム[66]的・排他的・独占的につくる大量生産とは違う。

OTOPに見られるモノづくりは、地域資源を自ら、あるいはグループが持つフィームー（手技）で生かすことによって、暮らしの手立てとしての業を起こして生まれている。そして、生産者が自立して、尊厳を持ち、しなやかに生き延びることを可能にするそのモノづくりは、手に技を持った人なら誰でも、気軽に参加できる民主化された創造活動であるため、農村経済の牽引役として機能しているのである。

---

66 生産能率の向上や低価格でモノをつくるために、機械部品の規格化やコンベヤーによる移動組立方式を採用した大量生産するための生産システム。

第2部

SDGsを促進するタイのモノづくり

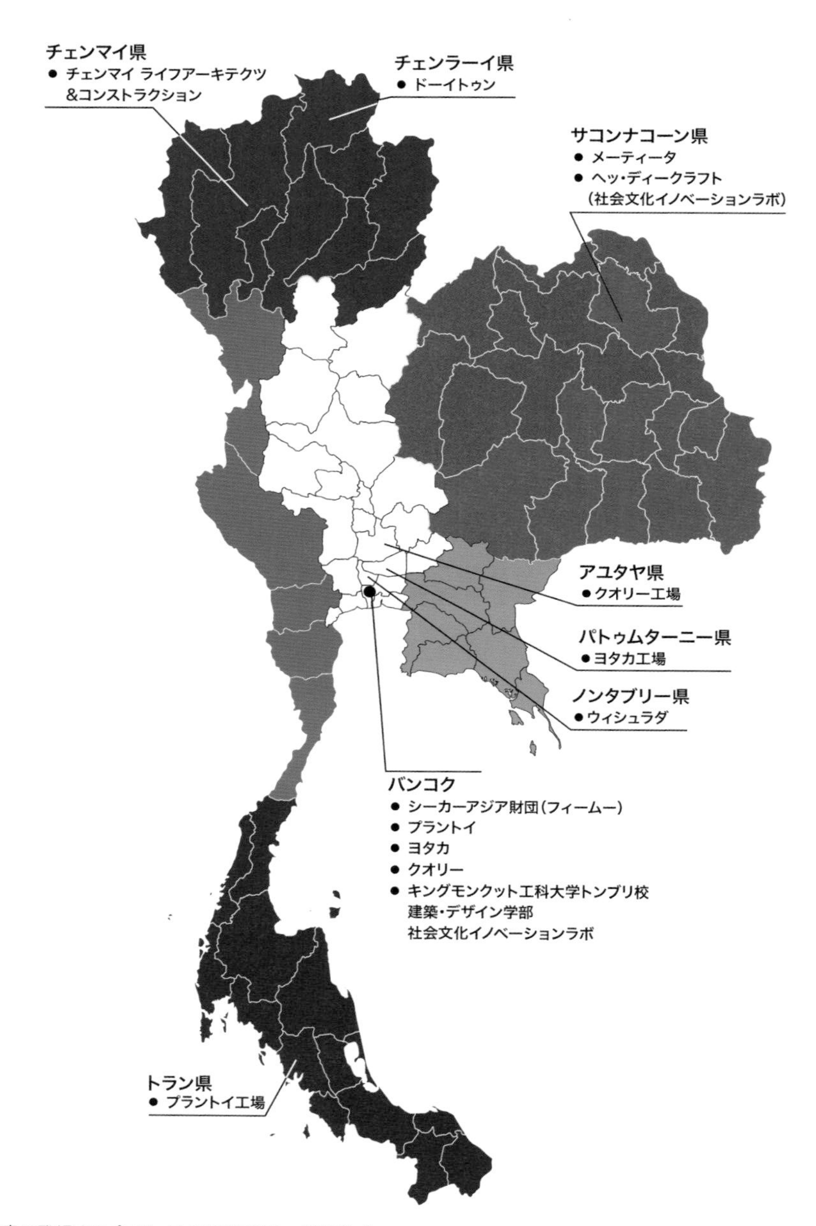

本書に登場するプロジェクトの実施場所　筆者作成

シーカーアジア財団

■モノづくりでスラムの女性たちの社会的包摂を促進する

シーカーアジア財団は「教育による人間開発こそが、持続可能な発展への鍵」という信念のもと、1991年から貧困層の子どもたちや青年たちの生活の質（QOL = Quality of life）向上を目指し、教育支援を行なっているNGOで、公益社団法人シャンティ国際ボランティア会の現地法人である。シーカーは、サンスクリット語で「教育」を意味し、バンコクのスラムやタイ中部の県、タイ北部のパヤオ県やターク県にあるコミュニティで、貧困層や外国人労働者等、周縁部に追いやられている人々を対象に「コミュニティ図書館」「伝統文化継承事業」「奨学金事業」「保育園事業」「学生寮事業」「シーカークラフト・裁縫センター事業」といった、教育や職業訓練を行なっている[1]。

シーカーアジア財団は、2017年から新たな事業として、タイ最大のスラムであるクロントゥーイスラムで「FEEMUE（フィームー）[2]」というライフスタイルブランドを立ち上げた。FEEMUEは、クロントゥーイスラムに対する偏見を減らし、スラムに住む女性の自立を支援するためのモノづくりで、現在ナリーラット・タンチャルンバンルンスック（Nareerat Tangcharenbumrungsuk）が責任者として、運営にあたっている。FEEMUEは「手芸」や「手腕」「腕前」を意味するタイ語である。この名を冠したブランド名からも分かるように、スラムに住む女性が、財団に併設されている裁縫センターが持っているミシン等の道具や裁縫の技を生かして、FEEMUEの製品を手づくりしている。FEEMUEの目的は、スラム発のブランドを広めることによって、スラムに対する偏見を減らし、女性たちの自立を支え

1　支援活動は、タイ国籍の子どもだけではなく、外国からの出稼ぎ労働者や少数民族の子ども等、恵まれない子どもにも行なっている。

2　文中で使用している「フィームー（手技）」と区別するために、ブランドとしてフィームーを表記する場合は「FEEMUE」とアルファベットに統一する。

FEEMUEの製品①　筆者撮影

ることである。製品は、日本人デザイナー、フジタテペ（FUJI TATE P）がデザインした。つくられている製品は、トートバックやハンドバッグ、ポーチ、ペンケース、小物入れ、財布等のファッションアイテムが中心である。

また、山岳少数民族のラフ族やモン族等の支援を目的として、刺繍等の伝統工芸技術を使ったアクセサリーづくりもFEEMUEの一環として行なわれている。近年では、ブランドのコンセプトに共感した日本企業やバンコクにある泰日協会学校（バンコク日本人学校）等から依頼もあり、コラボレーションモデルもつくられている。

ナリーラットは、FEEMUEを「フジタテペと一緒に歩んできた取り組み」と表現しているように、FEEMUEは「フジタテペのプロジェクト」ではなく「私たちのプロジェクトである」という強い当事者意識によって支えられている。フジタテペはFEEMUEの生みの親であるが、現在責任を持って育てているのは、ナリーラット等、現地の人々である。タイで行なわれる社会的なプロジェクトは、当事者不在で支援者のためのプロジェクトになりがちであるが、FEEMUEにはそれがない。ブランド名のFEEMUEという名前も、付けられたのでなく、フジ

FEEMUEの製品②　山岳少数民族の伝統工芸技術を使ったアクセサリー　筆者撮影

タテペや財団スタッフ、裁縫センターで働く女性たち全員で話し合って決めた。FEEMUEは、スラムの女性を巻き込み、自らの手技を生かしたモノづくりによって、社会包摂を促進するモノづくりなのである。

■始まったきっかけ

シーカーアジア財団は、貧困や社会的排除といった社会課題を解決し、スラムという、社会の周縁部に追いやられた人々の社会的包摂を推進するため、クロントゥーイスラムを拠点に教育支援や生活環境改善支援、職業訓練を長く行なってきた。職業訓練では、スラムに住み教育もなく、仕事がない女性たちを集めて、裁縫の職業訓練を行なってきた。かつて多くのスラムの女性は、2〜3ヵ月間訓練し、労働市場が受け入れられるレベルまで裁縫技術が上達すると、近くの裁縫工場へ働きに行ったが、生産拠点がタイから中国やベトナムに移ると、工場が閉鎖されたため、働きに出ることができなくなった。スラムの女性は、シーカーアジア財団が外から受けた注文を、財団の裁縫センターや自宅（内職）で細々と行なうようになった。このように、受け身で仕事をするやり方を20

ポリエチレン製のシートでつくられた日除け、テント看板や横断幕　筆者撮影

年以上やってきた。

FEEMUEは、公益社団法人シャンティ国際ボランティア会が運営しているクラフトエイド[3]という取り組みで、ボランティアデザイナーとして活動していたフジタテペが、新事業のためクロントゥーイスラムに派遣されたことをきっかけに始まった。クラウドファンディング（インターネットを活用して、自分が立ち上げたプロジェクトに賛同してくれた不特定多数の人から資金を調達すること）を使って、ウェブサイトの制作費や渡航費、パンフレット印刷、材料や機材購入等、新事業を軌道に乗せるのに必要な費用200万円を集めた。フジタテペの発想は受注生産ではなく、女性たちの裁縫技術や裁縫センターが持っている道具を生かして、独自の製品をつくるというもので、今までのやり方と180度違っていた。

さらに、製品開発するにあたってフジタテペは、2ヵ月間クロントゥーイスラムで暮らした。その滞在中スラム内を毎日探索する中で出会った素材が、ポリ

3　クラフトエイドは、タイ、カンボジア、ラオス、ミャンマー、アフガニスタンの生産者が美しく、豊かな伝統技術を生かして手づくりしたフェアトレード製品を日本で通信販売している。購入を通して生産者である少数民族や農村の女性たちの経済的自立を手助け、収益金はシャンティ国際ボランティア会の教育支援活動に使われる。クラフトエイドのウェブサイト：https://craftaid.jp/

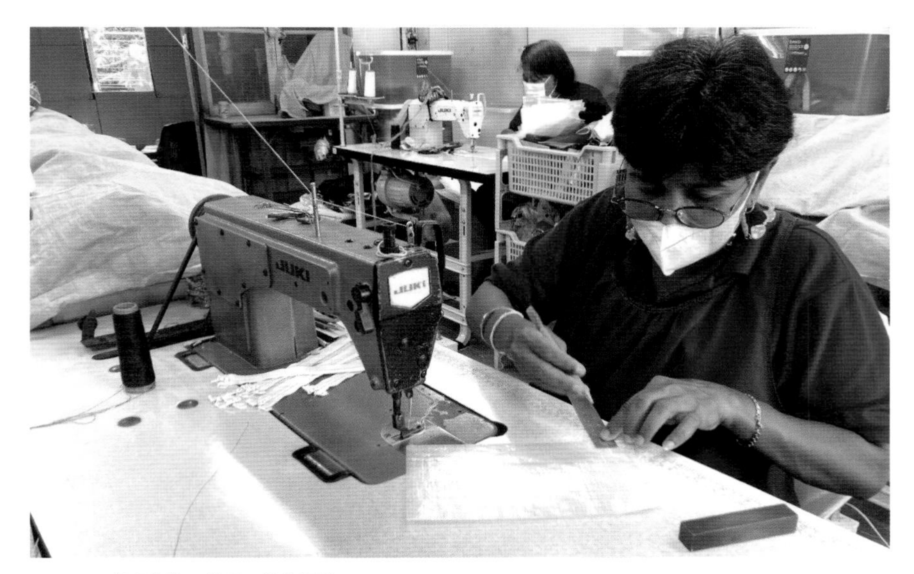

FEEMUE製品製作の様子　筆者撮影

エチレン製のシートである。ポリエチレン製のシートは、どこにでもある素材で、丈夫で安価な素材のため、クロントゥーイスラムでは、外壁やお店や家の日除け、テント看板、横断幕、ブラインド、テーブルカバー、バイクカバー等、実に多様な用途に使用されている。ポリエチレン製シートは、クロントゥーイスラムの暮らしに欠かせない素材であると同時に、スラムを象徴する素材なのである。

そして「クロントゥーイスラムにとって意味のある製品をデザインしたかった」という思いから、ポリエチレン製のシートを採用することになった。実際の製品では、ポリエチレン製の透明シートでできた米袋を使用しているが、リサイクルされた素材を使用しているわけではなく、地元メーカーから購入した新品の素材を使用している。

FEEMUE製品は、シーカーアジア財団内のショールームやサイアムディスカバリー、アイコンサイアム、マーブンクローンセンター（MBK）等、バンコクを代表する大型百貨店で販売されている。大型百貨店では委託販売をしており、百貨店側の厚意により手数料は無償か、非常に安くしてくれているという。また、インターネットを活用した販売も行なっており、売り上げはシーカーアジア財団の支援活動に賄われている[4]。FEEMUEは現在、製品の背後にあるブランドストーリーに共感したタイ人インフルエンサー（世間に与える影響力が大きい行動を行なう人）や日本人を中心に、人気のあるブランドに成長している。

■取り組んでいる課題

FEEMUEが生まれたクロントゥーイスラムは、推定10万人が暮らす、バンコク最大のスラムである。2011年に発生した東日本大震災直後には、スラムの住民や子どもたちが募金で100万円を集め、被災地に寄付してくれたり、震災の犠牲者らを悼む催しを開いたりする等、心優しいスラムである[5]。ナリーラットによると、スラムに暮らす人々の多くは、クロントゥーイ港や工事現場での日雇い労働、行商、バイクタクシー、スラム内の屋台、ごみ拾い等、主にインフォーマル・セクターで生計を立てており、収入は不安定である。1960年代からクロントゥーイ港で港湾労働者を必要としたところから、全国から労働者が集まり、スラムを形成するようになった。タイの経済成長に伴い、スラムも大きく成長することになったが、一方でクロントゥーイスラムに対して、危険な場所、不潔な場所、違法薬物の取引が行なわれている場所、麻薬常習者や犯罪者、貧困層が住む場所であるという「偏見」も増幅させることになった。このような偏見は、現在のタイ社会にも根強く残っている。そのため、クロントゥーイスラム出身者という理由で、嫌がらせを受けたり、友達ができなかったりする等、社会的排除につながることもあるため、出身を隠す人々もいるという。筆者の義理の母からも「クロントゥーイスラムに調査に行く」といったらひどく心配された。

現在でもスラムは、貧困問題や麻薬の蔓延、中途退学問題、家庭内暴力、性行為の乱れ、未成年の喫煙、アルコール依存症等、様々な問題[6]に直面し、そのような社会問題で報道されることも多い。しかし、フジタテペ自身がホームステイで体験したクロントゥーイスラムは、タイの人々が思っているようなネガティブな場所ではなかったという。むしろ、スラムの人々は温かく、親切に接してく

---

4 フィームーのオンラインショッピングサイト：https://feemue.official.ec/

5 朝日新聞「タイのスラムでも追悼 震災直後に募金、100万円寄付」2021年3月12日. 朝日新聞デジタル. https://onl.tw/g9UQ8Y1（最終閲覧日：2022年8月8日）

6 ドゥアン・プラティープ財団「クロントゥーイスラムについて」https://www.dpf.or.th/th/（最終閲覧日：2022年8月8日）

れたという。スラムに深刻な社会問題が存在するのは事実であるが、そこに住んでいる全ての人々が悪い人々ではないのである。そして、フジタテペは、スラムの人々が持つ温かさや優しさ等、ポジティブな側面を伝えたいと思うようになった。「クロントゥーイスラムのネガティブなイメージをデザインの力で変える」というブランドのコンセプトにあるように、スラム発のブランドをつくり、発信することによって、クロントゥーイスラムに対する偏見を変えることに挑戦している。

また、FEEMUEは、女性の自立にも取り組んでいる。スラムに住む多くの女性は、教育を受けていないために、仕事に就くことが難しいことが多い。また、経済的に自立をしていないと、家庭の中で力を持てず、夫から家庭内暴力を受けたり、稼いだお金をアルコールや麻薬の購入に使われたりするため、家庭運営ができず、貧困から抜け出せない。しかし、FEEMUEはスラムの中で裁縫訓練を行ない、雇用を生み出すことによって、スラムに住む女性の経済的な自立を促進している。今後、財団は、FEEMUEを中心的な取り組みに成長させていきたいという。FEEMUEは、お金を儲けることではなく、スラムに住む女性や山岳少数民族の自立や働きがい、自尊心を向上させていくことを目的としたモノづくりである。自分たちが持っている道具や技術、人的資源等、自分たちができる範囲内での創造活動を大切にしており、生産拠点を移すことや生産規模を拡大し、一儲けしようとは考えていない。クロントゥーイスラムという場所でモノづくりを行なうことに意義があるのである。

スラムに住む女性たちが既に持っている「手技」や「道具」を生かしたモノづくりが、人々の偏見を減らし、女性の自立につながる取り組みは、2017年に公益財団法人日本デザイン振興会が主催しているグッドデザイン賞を受賞した。授賞式に出席するために財団のスタッフが生まれて初めて日本に行った。また受賞後に、裁縫センターで働くスタッフと共に、アイコンサイアムに売られている製品を見に行ったという。クロントゥーイスラムのような場所でも、世界に通用する製品ができることを証明できたことによって、自分たちがやっている仕事に対する自信と誇りを深めることができた。

■モノづくりを通して目指していること

FEEMUEは、クロントゥーイスラムに対して偏見のない社会の実現を目指している。人々の色眼鏡を外し、偏見を減らすことは並大抵のことではないが、クロントゥーイスラムを「危なく汚い場所」から「フィームーの場所」と認知されることによって、偏見が減ると考えている。グッドデザイン賞の受賞や日本人ボランティアスタッフの献身的な協力もあり、日本人の間においては、徐々にクロンクロントゥーイスラム＝FEEMUEと認識され始めている。ちなみに日本人ボランティアスタッフは、日本人の顧客を財団本部にあるショールームに案内したり、マーケティング支援をしたり、情報発信したり、オンラインショッピングサイトを運営したりしている。

また、FEEMUEは、クロントゥーイスラムに住む女性が、働きがいを持って仕事をし、自尊心を持って自立して生きていける社会を実現したいと望んでいる。仕事の有無が当日にならないとわからない日雇いの仕事に頼った暮らしは、景気に翻弄されるため、不安定である。しかし、裁縫のように、自らの手に職をつけることができれば、FEEMUE製品以外にも、衣類の修繕や補修、幼稚園や小学校の制服製作等、様々な仕事ができ、かつ経済的な自立を促進することができる。また、このような経済的自立は、暮らしを自分でコントロールすることができるようになるため、自尊心や働きがいを生む。

しかし、課題も抱えている。現在、裁縫センターでは5人の女性が日給制で働いている。この女性たちは、シーカーアジア財団の職業訓練でかつて裁縫を学んだ人々である。平均年齢は60歳。ナリーラットは、もっとFEEMUEの取り組みを広げていきたいが、応募してくれる人があまりいないという。応募の告知は、口コミで行なっているためか、あまり効果がない。裁縫の職業訓練に来たとしても、すぐ辞めてしまう。多くの若い人たちは、エアコンの効いた百貨店やショッピングモール、スーパーマーケット等で、フィームー（手技）がなくてもできる仕事をしたがるため、FEEMUEを継承していく担い手がいない。グッドデザイン賞等、FEEMUEへの社会的な評価が、裁縫の魅力を向上させ、クロントゥーイスラムから担い手がもっと出てくることを期待している。

■促進しているSDGs

シーカーアジア財団は、

(1) FEEMUEを立ち上げ、クロントゥーイスラムに住む女性に雇用を生むことによって、貧困を軽減している。また、山岳少数民族の伝統工芸技術を生かしたアクセサリーづくりは、山岳少数民族が住んでいる地域に雇用を生んでおり、目標1「貧困をなくそう」を促進している。

(2) FEEMUEの取り組みは、スラムに住む女性の経済的な自立を促進するだけではなく、日本のグッドデザイン賞を受賞し、世界から評価されることによって、仕事に対する誇りや働きがいを生んでおり、目標8「働きがいも経済成長も」を推進している。

(3) FEEMUEは、裁縫の仕事を創出し、スラムや山岳少数民族の女性等、社会的に弱い立場に置かれた女性の社会的な包摂を促進しており、目標5「ジェンダー平等を実現しよう」の達成を後押ししている。

(4) モノづくりでスラムのイメージを変え、偏見を軽減させる目標を持った取り組みは、目標10「人や国の不平等をなくそう」を推し進めている。

(5) FEEMUEは、日本人デザイナーの協力によって誕生した。また、FEEMUEの活動に共感した日本人ボランティアが、マーケティングやオンラインショッピングサイトの運営、情報発信、日本人客の案内等の支援を行なっている。さらに、FEEMUEの活動に共感した日本企業や泰日教会学校等の団体組織とも連携しながら活動を広げており、目標17「パートナーシップで目標を達成しよう」の推進は活動の要となっている。

FEEMUEは、クロントゥーイスラムに対する偏見を減らし、スラムという周縁部に追いやられている女性を包摂し、自尊心や働きがいを生み、自立を促進するモノづくりである。FEEMUE製品は、スラムに住む女性や山岳少数民族の女性が既に持っている手技(フィームー)を生かしてつくられており、何か特別な技術や機械を使用しているわけではない。また、自分たちが持っている道具や技術、人的資源等、自分たちができる範囲内での創造活動を大切にしており、将来的に大量生産等、生産能力を拡大させることは考えておらず、「足るを知る」モノづくりといえる。製品に使われているポリエチレン製のシートも、現地調達が簡単で、クロントゥーイスラムを象徴する素材である。既に地域にある資源を再編集して生まれたモノづくりである。ナリーラットは特にSDGsを意識しているわけではないが、スラムや山岳少数民族の女性等、社会的に弱い立場に置かれた女性を巻き込んだ社会包摂を促進するモノづくりは、様々なSDGsを促進している。

プラントイ

■モノづくりで世界をもっとサステナブルにする

プラントイは、チュラーロンコーン大学[7]の建築学部インダストリアルデザイン学科の卒業生、ヴィトゥール・ヴィラポンサヴァン（Vitool Viraponsawan）が、1981年にバンコクで立ち上げた玩具メーカーである。「Better Kids Better World（より良い子どもたちは、より良い世界をつくる）」をモットーに掲げ、玩具づくりを通して子どもの発育だけではなく、地域社会や自然環境に対しても悪影響を最小限にし、好影響を最大限にすることを使命としている。その製品は世界65ヵ国に輸出されており、タイを代表する玩具メーカーである。

つくっている玩具は（1）赤ちゃん用の玩具（Babies）、（2）押したり、引っ張ったりして遊ぶ玩具（Push & Pull）、（3）教育・学習玩具（Learning & Education）、（4）積み木玩具（Block & Construction）、（5）ゲーム・パズル玩具（Game & Puzzle）、（6）身体を動かす玩具（Active Play）、（7）子ども用の家具や道具（Plan Home）、（8）多世代が一緒に楽しめる玩具（Better Aging）、（9）楽器玩具（Music Toy）、（10）水や砂場で遊ぶ玩具（Water Play）、（11）ごっこ遊び（Pretend Play）、（12）伝統的な木製玩具（Plan Natural）の合計12のカテゴリーに分けられており、500種類以上の玩具をつくっている。玩具の製造に必要な全ての金型は、タイ南部のトラン県にある自社工場でつくられている。現在は、高齢のため、一線から退いたヴィトゥールに代わり、甥のコーシン・ヴィラポーンサワン（Koshin Viraponsawan）が最高経営責任者を務めている。インタビューもコーシンが応じてくれた。

全ての玩具は、トラン県の工場で地元産のゴムノキを使ってつくられている。トラン県はヴィトゥールの生まれ故郷である。トラン県を含む南部は、プラントイを象徴する素材であるゴムノキの栽培が20世紀初頭から盛んに行なわれてい

7　チュラーロンコーン大学は、1917年に設立されたタイ王国において最も古い歴史を持つ大学。

プラントイの玩具①　押したり、引っ張ったりして遊ぶ玩具　©Plantoys

プラントイの玩具②　子ども用の家具や道具(ガーデニングセット)　©Plantoys

プラントイの玩具③　多世代が一緒に楽しめる玩具　©Plantoys

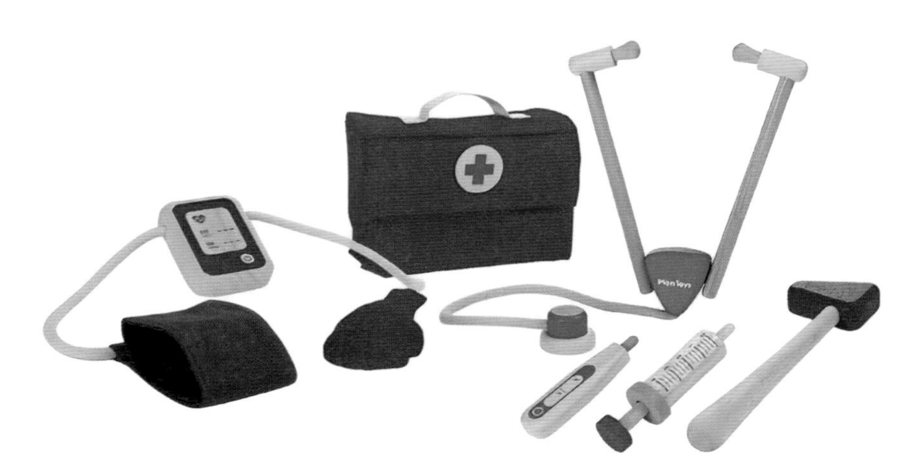

プラントイの玩具④　ごっこ遊び用の玩具　　©Plantoys

樹液を出すゴムノキ（トラン県）　筆者撮影

る地域である。プラントイでは、樹液（ラテックス）を産出しなくなり、廃棄されるしかない25歳以上のゴムノキのみを使用して玩具をつくっている。会社を設立してから自然の木を１本も伐採したことがない。また、ゴムノキの有効利用だけではなく、人材やパッケージ等、プラントイが玩具づくりで使用する資源の70%は、地元から調達しており、意識的に地域社会とつながり、利益を地元に還元し、雇用も創出している。現在は地域調達を80%まで高めようとしている。

プラントイは、自社がサステナブル・ウェイ（Sustainable way）と呼んでいる方法で「環境」「子どもの安全性」「子どもの発育」「地域社会」「従業員」に配慮した玩具づくりを行なっている。サステナブル・ウェイは（1）サステナブルな素材を使用すること、（2）サステナブルなモノづくりを実践すること、（3）生態系や社会に配慮できる心を育成すること、という3つの柱からなる。各項目について詳しく見ていく。

１つ目の「サステナブル素材の使用」とは、自然素材を使用し、生産工程を通して自然環境や従業員、地域住人への悪影響をゼロ、若しくは最小限にすることである。

具体的にプラントイでは、

(1) 玩具の塗装やパッケージの印刷には、植物由来のインクを使用している。

(2) 子どもたちや従業員の健康や安全性のために、玩具やパッケージには化学物質や鉛、重金属を含む塗料、ホルムアルデヒドを含んだ接着剤は一切使用しない。その代わりE-ZERO Glueという、植物由来の接着剤を使用している。

(3) 製造過程で生まれる木屑や端材を回収し、独自の新素材「プランウッド」を開発して製品をつくる等、資源の有効利用を徹底している。ちなみに、65頁の写真「プラントイの玩具②子ども用の家具や道具(ガーデニングセット)」で使用されている素材が、プランウッドである。

続いて「サステナブルなモノづくり」とは、全ての生産段階において環境や従業員、地域社会に配慮した玩具づくりのことである。

具体的にプラントイでは、

(1) ISO9001(製品・サービスの品質管理システム)やISO14001(製品製造やサービス提供等、自社の活動による環境負荷を最小限にするための環境管理システム)の国際認証規格を2002年に取得している。

(2) 全ての玩具は、ASTM(アメリカの玩具安全基準)やEN71(欧州玩具安全規制)等、国際的な安全基準を満たすようにつくられている[8]。

(3) ISO45001(労働安全衛生管理システムに関する国際規格)とSA8000(就労環境評価の国際規格)を2004年に取得し、従業員の健康と安全性や従業員の機会均等を担保するプログラムを導入している。また、玩具を量産する必要性から、工場では工作機械を使用するが、多くの生産工程において人の手仕事が品質を左右するため、人が大切にされている。

(4) 工場で排出される端材や木屑も玩具づくりに有効活用し、廃棄物排出を減らしている。

(5) パッケージには、その玩具製造で排出されたカーボン・フットプリント[9]を記載している。

---

8 1982年にASTMやEN71を取得。

9 商品・サービスのライフサイクルの各過程で排出された「温室効果ガスの量」を追跡した結果から得られた全体の量を二酸化炭素量に換算して表した数値。

手仕事によって支えられている玩具づくり　筆者撮影

(6) カーボン・ニュートラル(温室効果ガスの排出を全体としてゼロとする)企業を目指し、毎年植林活動を実施し、玩具づくりの脱炭素化に取り組んでいる。

3つ目の「生態系や社会に配慮できる心を育成する」とは、世界をより良い場所にするのに役立つ環境や教育活動を通じて、サステナブルな社会の実現に向け、担い手である人々の意識を醸成することである。

具体的には、

(1) プラントイの玩具やデザイナーが考えた玩具や遊具を通じて、子どもたちにセンス・オブ・ワンダー(美しいもの・未知のもの・神秘的なものに目を見はる感性)や生態系の大切さを体験的に学習できる施設「Forest of Play」をバンコクとトラン県で運営している。トランの施設は、団体による利用は無料である。

(2) 環境や芸術、文化、知育を高める活動のために、サーンセーンアルン財団[10](Sarnseang-Arun Foundation)を運営している。

10 サーンセーンアルン財団では、地球環境意識を高めるのに役立つ、公共図書館、公園の設置、情報雑誌の発行を行なっている。また、この財団が中心となり、CSR等、様々な社会・環境活動を企画運営している。

(3) 自閉症や脳性まひ、視覚障害を持つ子どもたちにも、健常者と同じように楽しく遊べる玩具を提供するために、障害児のお母さんたちがプラントイのデザイナーや障害児教育の専門家と一緒になって玩具を開発するMom-made Toy Projectに取り組んでいる。

(4) 使わなくなったプラントイの玩具を、子どもたちとシェアする「プランサイクル(Plan Cycle)」というプログラムを構築し、リデュース(廃棄物の削減)やリユース(再利用)、リサイクルの大切さを伝えている。

(5) 壊れたプラントイの玩具を無料で修理するおもちゃドクターのサービスを実施し、モノに愛着を持ち、モノを大切にすることを教える等、人々の意識醸成に取り組んでいる。

(6) プラントイの玩具をレンタルするサービスを提供している。すぐに大きくなる子どもは、玩具に飽きてしまうので、玩具を捨てることなく、常に年齢に適した新しい玩具で遊ぶことができる。

以上3つのサステナブル・ウェイの考えでつくられた玩具や遊具での遊びや体験学習を通して、自分自身や社会、自然環境に対して前向きな姿勢を育むことが、プラントイがいう「サステナブル・プレイ(サステナブルな遊び)」である。このように、子どもの発育や安全性だけではなく、自然環境や地域社会、従業員にも配慮したプラントイの玩具づくりは、設立以来グッド・トイ賞(日本)やレッド・ドット賞(ドイツ)、オッペンハイム玩具賞(アメリカ)、デザインエクセレンス賞(タイ)、タイ総理大臣輸出賞等、世界中の様々な賞に輝き、現在ではタイを代表する企業に成長している。

■始まったきっかけ

プラントイは、42年前に、今でいう社会的企業[11]の考えをベースにして誕生した。ヴィトゥールは、チュラーロンコーン大学やタマサート大学の友人たち7名が集まって結成した「プラングループ(Plan Group)」というグループに参加していた。そして、大学卒業後、プラングループの仲間と、建築関連の会社を設立した。プラントイという名前は、ヴィトゥールら設立者たちが、大学でデザインや建築

11　社会的企業とは、社会問題の解決を目的として収益事業に取り組む事業体の事。ソーシャル・ビジネスも含まれる。

を学んでいたことに由来する。良いデザインは、良く練られたプラン（計画）をつくることが何よりも大切で、これはビジネスでも同じである、という考えから付けた。設立当初は、会社が生んだ利益を、社会を良くする活動を行なっている様々な団体組織に寄付することにより、国の発展に貢献しようと考えていたという。しかし、しばらくすると、そもそも自然環境を破壊しない社会をつくるには、長く破壊的な社会をつくってきた大人の考えや行動を変えるのではなく、未来をつくる子どもから始めるべきだという考えに至った。なぜなら、古い価値観に染まった大人の考えや行動を変えるのは容易ではないからだ。この時に至った考えは、プラントイのモットーである「Better Kids Better World（より良い子どもたちは、より良い世界をつくる）」に表現されている。

プラントイは、玩具づくりの事業を始めるまで、現在本社がある場所（バンコクのサトーン地区）で教育書籍をつくる出版社や幼稚園を運営していた。この幼稚園は「遊びながら学ぶ」をコンセプトにしており、当時のタイでは珍しかった。玩具づくりは、園児が遊びながら学ぶにはどんな玩具が良いかを考える中で始まった。プラントイが玩具づくりを始めた当初は、タイや海外市場においても知育玩具はあまりなく、あったとしても伝統工芸的な玩具が多かった。そのため、プラントイでは、子どもたちにとって単に安全で、楽しい玩具をつくるだけではなく、健全な心と身体、認知能力、社会性、感情・感性の発達を促すために、玩具開発者とデザイナーが、協働で玩具づくりに取り組むようになった。コーシンによると、プラントイは、銃や戦車、刀剣等、人や動物、自然環境を傷つける玩具は、決してつくらないという。世界を知り、ポジティブな心や身体を養う玩具をつくっている。子どもたちが、この世界でより良く生きていくためには「自分自身を理解し、自分にどんな可能性があるのか」や「世界はどうなっているか」について探究しなければならない。このような好奇心や自己肯定感があって初めて、社会をより良く変革しようとする意志や能力が育まれると信じている。しかし、このような崇高な考えがあっても、玩具づくりが、自然環境を破壊し、地域社会や人々を搾取するものだったら言行相反になってしまう。そのため、プラントイの玩具は、子ども（人）だけではなく、自然環境や地域社会、従業員に配慮した玩具をつくっている。これがプラントイが考えるサステナブルな玩具づくりなのである。

■取り組んでいる課題

天然ゴムは、タイの重要な経済産品の1つであり、そのシェアは世界1位で、年間450万トン以上産出し、世界中に輸出されている[12]。栽培されているゴムノキは、効果的な二酸化炭素の吸収源でもあり、成熟したゴムノキの植林地は、1年間で1ヘクタールあたり250トンの二酸化炭素を吸収する[13]。そのため、地球温暖化緩和に貢献できる。また、天然ゴムを産出するゴムノキは、25歳から30歳になると樹液を産出しなくなるため、植え替えないと天然ゴムが生産できなくなる。伐採したゴムノキは、腐朽が早く、虫に食われやすく、狂いが大きいため、薪か木炭にしかならないといわれてきた。一方ゴムノキ栽培は、儲かるという理由から、天然林を伐採し、ゴム農園の栽培地を拡大しているという報告[14]もあるので、注意が必要な資源でもある。しかし、プラントイで使用するゴムノキの73%は工場から30km圏内で栽培されたものを使っており、新たに天然林を皆伐し、プランテーション化した供給業者からは調達しない。ちなみに、プラントイの玩具は、最初からゴムノキを使ってつくられていたわけではなかった。最初は、輸入製品用のパレット梱包に使用される木材をリサイクルしていた。しかし、次第に必要とする量の木材確保が難しくなり、代替素材を探していた。そんな折、たまたまトラン県に帰省していたヴィトゥールが、樹液を出さなくなり、山積みにされ廃棄されていた、たくさんのゴムノキを見つけたのがきっかけだった。

プラントイでは、年間約1416m^3、重さに換算すると約906トンのゴムノキを消費している。地元のゴム農家が栽培し伐採したゴムノキは、地元の製材所が買い取り、製材後にプラントイに納品される。ゴムノキは、玩具の原料になると同時にバイオマス（植物資源）としても利用可能である。プラントイの工場では、製造過程で生まれる端材を自社工場にある施設で燃やし、発生した熱をゴムノキや塗装の乾燥、潤滑油を温める等、バイオマスエネルギーとして活用している。また、ゴムノキの切り株や製材所から出る端材を活用してバイオマス発電し、

12　ネオナー新聞電子版「コロナワクチン効果でゴム価格キロ80バーツを本当に狙えるか?」. 2021年3月30日 https://onl.tw/89Nm9E7（最終閲覧日：2022年8月18日）

13　WWFジャパン「天然ゴム業界にサプライチェーン全体の変革を呼びかける（翻訳）」https://onl.tw/w25uJVz（最終閲覧日：2022年10月21日）

14　スダラ・サックン「事例報告：タイにおける小規模農家のためのプランテーション管理改善」WWF. https://onl.tw/LciWWqW（最終閲覧日：2022年8月18日）

工場内の畑　筆者撮影

周辺地域に送電している。プラントイの工場は、資源の有効利用を徹底し、廃棄物（端材や二酸化炭素排出等）を徹底的に削減し、環境への負荷を減らしている。

プラントイが生かしているのは、廃棄されるしか利用価値がないゴムノキ（自然資源）だけではない。プラントイは、約800人の雇用を地元に生んでおり、地域社会の人材も生かしている。サプライチェーン（供給連鎖）まで含めると、その数はさらに増える。プラントイは、従業員を工場労働者とは思わず、家族のように捉え、福利厚生の一環としてユニークな取り組みを行なっている。例えば、工場では、従業員の収入を増やす取り組みとして、従業員が自宅の庭で採れたバナナや卵、野菜、近くの海や川で捕った魚やエビを持ち込み、他の従業員に売ることができる朝市を、工場の社員食堂で毎週開催している。これは、従業員に副収入をもたらすだけではなく、仕事帰りにわざわざ買い物に行く必要がなくなるので、多くの従業員が助かるという。また、社員食堂では、従業員の経済的負担を減らすため、毎日お米を無料で食べられる昼食補助の取り組みも行なっている。ちなみに、皿やフォーク、スプーンは持参しなければならない。白米と穀米が選べ、おかわり自由であるが、持ち帰りは禁止されている。おか

海岸ゴミ拾いの活動支援　©Trash Hero Trang

ずは、イスラム系の従業員が多いことに配慮して、ハラール料理（イスラム教の戒律によって食べることが許された食べ物）や南部の特有の激辛料理が中心で、価格も安く設定されている。さらに、従業員が高利貸しにお金を借りることがないように、お金に困った従業員に金利ゼロでお金を貸す取り組みを実施したり、従業員が工場内の空き地を利用して野菜を育てたりすることも認めている。

コーシンは、社会は自然から掠奪ばかりしていると感じている。そのため、プラントイでは、毎年収益の約10%をCSR活動に使い、社会活動や環境活動を支援している。例えば、トラン県内の小学校にプラントイの玩具を毎年寄付し、学校の教育支援を行なったり、毎年、象の保護活動を行なっている団体（Save Elephant Foundation）や廃棄物問題に取り組んでいる団体（Trash Hero）等、環境や社会活動を行なっている組織に寄付を行なったりしている。また、従業員と地元の米農家が一緒に有機農法による米づくりを行ない、収穫したお米を一緒に食べるプロジェクトも行なっている。これによって、従業員の自然体験や地域との信頼関係構築にもつながっている。さらに、毎年従業員を東北部にあるチャイヤプーン県のワット・パー・スカトー寺に連れて行き、プラン・ラックパー（森林を大切にするプログラム）という植林活動を実施したり、トランの市民グループと協力をしてマングローブの植林活動を行なったりしている。このように、プラントイは、モノづくりで得た利益を自然資源の源である自然資本（森林、土壌、水、大気、生物資源等、自然によって形成される資本）やソーシャルキャピタル（社会や地域における、人々の信頼関係や結びつき）を増やし、自然と社会を豊かにする様々な活動に還元している。

プラントイは、障がい者の雇用支援も行なっている。タイでは、2007年に「障がい者エンパワーメント法（Persons with Disabilities Empowerment Act 2007, B.E.2550）」が成立し、障がい者雇用は企業の「努力義務」から「義務」になった。従業員100人以上の企業に対して義務が発生し、100人につき1人雇用する必要があり、遵守している企業は税制優遇が受けられる。基準を満たせない場合は、法律で定められている基金に対して拠出金を支払う義務があり、支払いを怠れば、事業者の財産が差し押さえされたり、企業名が公表されたりする等、厳しい罰則になっている[15]。2022年8月現在、プラントイでは、盲目や聾啞、ダウン症、ポリオ等、7名の障がい者を雇っている。そして、障がいを持った人を単に雇用するだけではなく、本人ができること・したいことから始めてもらい、さらに働く技術を高め、適切な給与を支払い、自立して暮らせるように支援している。

■モノづくりを通して目指していること

プラントイは、サステナブルな玩具づくりを通じて、より良い子どもの成長を促し、よりサステナブルな世界をつくりたいと考えている。プラントイが考えるサステナブルな世界とは、足るを知り、お互いを思いやり、生態系や自然環境を大切にする世界である。コーシンは、子どもたちがプラントイの玩具で遊び（サステナブル・プレイ）を通じ、自分自身や社会、自然環境に対して前向きな姿勢を育むことによって、サステナブルな世界の担い手になってくれることを思い描いている。また「足るを知る」というのは、利益に無関心ということではない。利益（Profit）を生むことによって、自然環境や地域社会に還元することができ、よりサステナブルな世界をつくることに関与できる。しかし、人々が自然環境から資源を収

15 西澤希久男「第4章タイにおける障害者雇用の現状と促進策」『アジアの障害者雇用法制：差別禁止と雇用促進』日本貿易振興機構アジア経済研究所．2012年．

奪し、地域社会や人々を搾取し、利益だけを追い求めていたら、自然環境や社会を毀損することになる。プラントイは、子どもや従業員、農家といった地域の人々（People）の安全性や自然環境の健全性といった地球（Planet）に配慮した玩具をつくり、獲得した利益（Profit）を社会や自然環境に還元することにより、サステナブルな世界の実現しようとしている。そして、プラントイは、自分たちの企業のあり方を、来るべきサステナブルな世界におけるモデルにできると考えている。

■促進しているSDGs

プラントイは、

（1）地元の人々を積極的・意識的に雇用しており、目標1「貧困をなくそう」を促進している。

（2）乳児から高齢者までを対象とした知育や環境意識を醸成する玩具をつくっている。また、体験学習施設「Forest of Play」を地域の小学生へ解放したり、図書館を運営したり、情報雑誌を発行したりする等、子どもから大人までを対象に、地球環境意識を高める活動を行なっている。さらに、トラン県内の小学校にプラントイの玩具を毎年寄付し、地域の小学校の教育支援も行なっており、目標4「質の高い教育をみんなに」を推し進めている。

（3）製造過程で生まれる端材を燃やし、熱をゴムノキや塗装の乾燥、潤滑油を温める等、バイオマスエネルギーとして活用している。ゴムノキの切り株や製材所から出る端材を活用したバイオマス発電を周辺地域に送電しており、目標7「エネルギーをみんなにそしてクリーンに」を推進している。

（4）プラントイが使用する資源の70%は、地元から調達しており、現在は地域調達を80%まで高めようとしており、地域経済に貢献している。また、福利厚生の一環として、従業員による朝市や無料のライス、無償ローンを行なっており、目標8「働きがいも経済成長も」を促している。

（5）障がい者が自立し、幸せに働けるように雇用支援を積極的に推進している。また、障がい者の子どもを玩具開発に巻き込むインクルージブな取り組みを行なう等、目標10「人や国の不平等をなくそう」の達成を後押ししている。

（6）捨てるしかなかったゴムノキから玩具を生み出している。またエコデザインの実践や廃棄物削減、木屑をプランウッドという玩具素材に再利用してい

タイ日大辞典改訂版

編＝冨田竹二郎／赤木攻

定価二八〇〇〇円＋税　Ａ５判上製・函入り・一六三二ページ
ISBN 9784839603342

日本語・タイ語辞典の最高峰『タイ日大辞典』を六年間かけて改訂、定評のある「冨田色」は大切にしつつ、より「読みやすく」、「引きやすい」辞書としました。

見出し語二万語・関連語三万語。品詞・語源・例文・語誌などの表記を見やすく整理、発音記号は音節ごとに表記。新しい表現、人名を追加、不要と思われる植物名などは削除。類別詞一覧、王語、年表、県別人口、行政機構、教育制度、陸軍編成など、付録を充実させました。左のＱＲコードからためし読みができます。

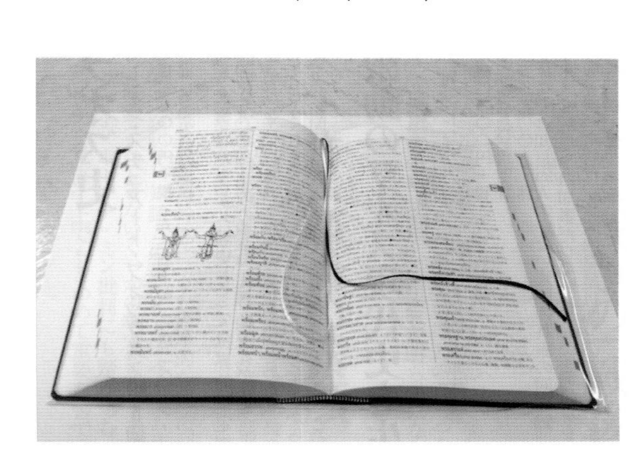

る。すべての工程において、従業員の安全と健康、子どもの安心安全、環境・地域社会への配慮を徹底している。また、使い終わった玩具をシェアするプランサイクル、おもちゃドクターやレンタルサービスの取り組みを行なう等、目標12「つくる責任つかう責任」を進めている。

(7) カーボンニュートラル企業を目指し、収益の10%を植林活動やマングローブ植林活動等、自然環境問題の改善に向けたプロジェクトを実施しており、目標14「海の豊かさを守ろう」や目標15「陸の豊かさも守ろう」を促進している。

(8) 社会還元の一環として、地元の米農家やトラン市民、寺院と協働して、他のSDGs達成に資する様々な社会・環境境活動を行なったり、寄付を通じて支援したりする等、目標17「パートナーシップで目標を達成しよう」を推進しながら様々なSDGsの達成を促している。

プラントイは、ヴィトゥールが、代替素材を探している時に、廃棄されていたゴムノキを故郷のトラン県で偶然見つけたことをきっかけに、地元に根を張った企業に成長した。現在プラントイでは、ゴムノキや地域の人材等、地域資源を最大限生かした玩具づくりを通して、未来を担う子どもたちの知育や従業員や地域社会の福祉を高め、自然環境を改善する取り組みを行なっている。プラントイの事業活動の目的は、利益を最大化し、拡大再生産することではない。利益は企業の事業活動の維持に重要だが、プラントイの関心は、「Better Kids Better World（より良い子どもたちは、より良い世界をつくる）」のために、得た利益を使って、いかに子どもの知育や従業員、地域社会の福祉を高め、社会を支える生態系を回復しサステナブルな世界をつくっていくかに向けられている。プラントイはSDGsを特に意識してモノづくり活動を展開しているわけではないが、プラントイのモノづくりからはサステナブルな世界における企業の存在意義やモノづくりのあり方等、見習うべきことが多くある。

ヨタカ

■モノづくりで害草が価値ある家具になる

ヨタカは、スワン・コンクンティアン（Suwan Kongkhunthian）によって1989年に設立された家具メーカーである。ヨタカという名前は「天国の樹」という意味で、タイの僧が付けてくれた。ヨタカの事務所兼ショールームは、バンコクにある。世界で初めてウォーターヒヤシンス（ホテイアオイ）を使った家具をつくったメーカーである。アームチェアやスツール、リビングテーブル、ソファ、ダイニングテーブル、デイベッド、マット、装飾品、パーティション等の家具をウォーターヒヤシンスからつくっている。今では、ウォーターヒヤシンスはアジアン家具やインテリア用品に多く使われているが、その最初のきっかけをつくったのがヨタカである。

現在では、ウォーターヒヤシンスを始め、ポリエチレン製の紐やポリプロピレン製のロープ、ラタン、ヤンリパオ（タイ南部の森の中だけに群生するシダ系のつる植物）、パイナップルペーパー等、様々な素材を使って家具をつくっている。全ての家具は、基本的にスワンがデザインしているが、大学生がデザインした作品にスワンが手を加え、製品化したり、外部デザイナーと協働でデザインした家具を製品化したりもしている。ヨタカの家具は、タイの中央部にあるパトゥムターニー県にある自社工場で、職人の手作業によって、1点ずつ丁寧に編み込まれており、うっとりするほど美しい。編み込んでいるだけなので、リサイクルする時には分解しやすい設計になっている。また、ウォーターヒヤシンスの家具は、カビが生えても洗えば再びきれいになるし、破れても破れた部分のみ編み直せば元通りになるので、メンテナンスや修理が容易で長寿命である。ヨタカの手仕事に惚れ込んだ、カッシーナ等、イタリアの有名家具メーカーのOEM（メーカーが自社ではないブランドの製品を製造すること）も行なっている。そして、ヨタカの家具は、

ヨタカの家具①　アームチェア　©YOTHAKA

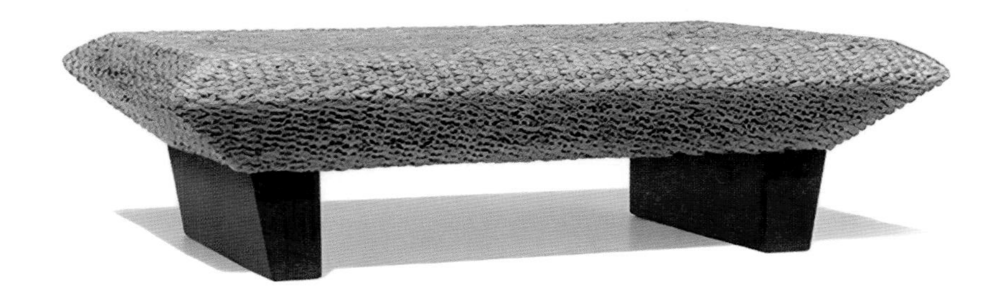

ヨタカの家具②　リビングテーブル　©YOTHAKA

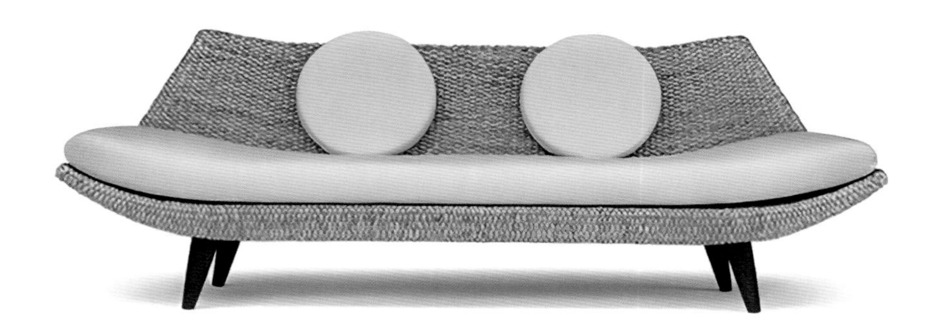

ヨタカの家具③　ソファ　©YOTHAKA

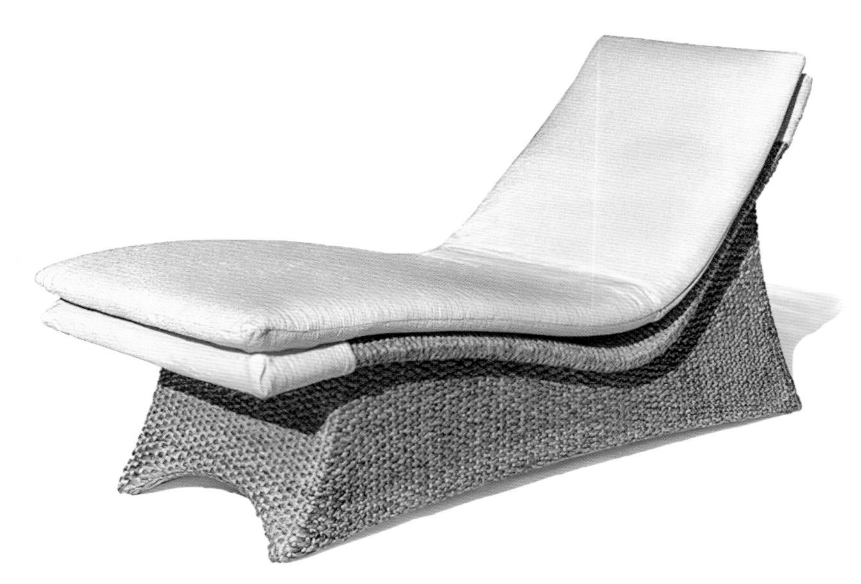

ヨタカの家具④　デイベッド　©YOTHAKA

ヨーロッパやアメリカ、日本、アフリカ、東南アジア、中東、南米等、世界中のリゾートやレストラン、ホテル、空港、邸宅、タイ王室、各国のタイ大使館、ルイ・ヴィトンやエルメス等、有名ブランドのブティックで使われており、世界30ヵ国に輸出されている。

■始まったきっかけ

スワンは、伝統工芸が盛んなタイ北部にあるチェンマイ県の出身である。幼い頃から手工芸が身近にあった環境で育ったこともあり、タイ美術分野で最高峰の国立シラパコーン大学の絵画・彫刻・グラフィックアーツ学部に進学し、インテリアデザインを専攻した。大学卒業後は、サウジアラビアの建設現場で働き、その後シンガポールに渡り、住宅や小さなホテル等の内装や店舗デザインを行なうインテリアデザイン会社を立ち上げ、10年間働いた。シンガポールでは、家具の受注を受けても製作できる工場がなかったので、いつもタイに発注しなければならなかった。その当時、シンガポールの同僚からは、タイは「売春の国で、タイ製品の質は悪く、模倣や偽物が多い」と常日頃からいわれ、蔑まれており、いつかタイのイメージを変えるモノをつくり、蔑んだ人々を見返してやろうと心底思ったという。スワンは「タイのアートやデザイン、手工芸は、世界中の人々を惹きつけることができる資質を持っている」と強く確信しており、モノづくりで証明するために、タイに戻った。これがヨタカの始まりである。

タイに戻った時、ウォーターヒヤシンスの活用方法を研究していた、大学時代の友人にたまたま再会したことをきっかけに、ウォーターヒヤシンスからロープ状の素材をつくり、それを編み込んで家具をつくることを思い付いた。ウォーターヒヤシンスを見た時に、この素材を使えば、手づくりの家具づくりが可能であることや生産に高価な機械を購入する必要がないこと、手工芸品の需要が世界にはあること等に気付き、可能性を感じたという。そして、パリの友人の店にウォーターヒヤシンスの家具を実験的に置いたことから人気を呼び、ドイツやスペイン等ヨーロッパ各国で注目を集めるようになった。スワンは「手工芸は、タイが最も強みを発揮できる領域である。欧米や日本等の先進国では、人件費が高いこともあり、手工芸品は非常に高価な美術品になってしまうため、販売も難しくなるが、タイでは比較的人件費が安いため安価につくれる」という。

家具製作の様子　筆者撮影

ヨタカは、手仕事で家具をつくるため、高価な工作機械は使用しない。そのため、職人がつくれる数だけしか生産しない。家具づくりは、手仕事が基本だが、木材を曲げたり、切断する機械、治具、蒸機等の機械や道具類は、特別なものはなく、既製品を自分たちで使いやすいように改造したり、寄せ集めた部品を工夫してつくっている。

工業機械による大量生産に比べれば生産性は低くなるが、これで良いのである。注文を多く受けても、自分たちがつくれるペースでしか仕事をしない。このようなローテクノロジーでスローなモノづくりは、市場の変化に柔軟に対応することを可能にし、新しい素材を使った家具を生み出すことができ、サステナブルなモノづくりの姿といえるのではないだろうか。例えば、かつてウォーターヒヤシンスを使った家具の需要が一時的に落ち込んだ時、職人は技術を変えることなく、また、職を失うことなく、ポリエチレンのロープやヤンリパオ、ラタン、パイナップルペーパー等、新しい素材を使った家具やインテリア製品をすぐにつくることができた。

また、新型コロナウイルスの世界的大流行によって、人々のライフスタイル

ドラム缶をつなぎ合わせてつくった蒸機　筆者撮影

が変化し、人々は屋内ではなく屋外で活動するようになると、屋外で使える家具が求められるようになった。この変化に伴い、家具で使用する素材はウォーターヒヤシンスといった自然素材というより、耐久性があるポリエチレンやポリプロピレン素材等を使う必要が高まった。ヨタカの家具は職人の手づくりのため、市場の変化に柔軟に対応することができたという。ハイテク機械による大量生産に頼った巨大企業の工場では、このように変化に柔軟に対応することは難しいし、変化に対応するには、大きな投資が必要になる。ヨタカの工場で働く職人たちの多くは、地元や周辺地域出身の人々である。現在ヨタカの工場では、約50人の職人が働いているが、最盛期には250名が働いていた時もあった。多くは、元々工場の近隣に住んでいる人々である。最盛期には、家族ごと働きに来たこともあった。ヨタカに新しく入った新人の見習いは、工場にいる親方によって実地訓練を受けながら、家具づくりを学ぶ。この親方は、この道30年のベテランで、ヨタカが誕生した時から働いている。そして、早い人なら8ヵ月も訓練すれば、1人で家具がつくれるようになる。職人たちは、自分たちの作業場を持ち、自分のペースで作業をすることができる。現在、工場で働く職人のほとんどは

ヤンリパオのデイベッド　©YOTHAKA

ポリエチレンのアームチェア　©YOTHAKA

バーンパコン川を流れるウォーターヒヤシンス　筆者撮影

女性で、彼女たちがヨタカの家具づくりを支えている。日本のように、男性中心で修行期間が長く、1人前になるまでに最低でも5年はかかっていたら、多くの人にとって魅力的な職ではなくなり、人手不足になるのは当然だろう。

■取り組んでいる課題

ウォーターヒヤシンスは、実はタイの固有種ではない。ラーマ5世[16]の時代（在位1868～1910年）にインドネシアから持ち込まれた外来種といわれている。河川や運河を埋め尽くすほどに大繁殖し、舟の通行妨害や水生生物への影響が大きいため、世界3大害草の1つといわれ、タイでも社会問題化している。また、川から海に流れ出たウォーターヒヤシンスが枯死・腐敗し、悪臭を発したり、水質を汚染したり、隣国の海岸に流れ着いたりし、国際問題にも発展している[17]。

しかし、害草を素材として生かせば、ユニークでタイの強みである手づくり

16　チュラーロンコーン王。
17　カンボジア・プノンペンの生活情報サイトPoste「カンボジア各省庁、海水汚染対策に尽力」2018年10月16日. https://onl.tw/t3YgA1u（最終閲覧日：2022年11月6日）

紐状になったウォーターヒヤシンス 筆者撮影

の家具がつくれ、それを海外市場に輸出すれば数万円の製品になる。ヨタカのウォーターヒヤシンスはタイ中部にあるスパンブリー県のものを使用する。理由は、ウォーターヒヤシンスが繁殖する川の水が滞留せず常に流れているからだという。水が滞留した場所のウォーターヒヤシンスは乾燥させると茶色に変色するため、家具にした時に美しくない。ヨタカでは、スパンブリー県の村人が運河や川に流れているウォーターヒヤシンスを拾い上げ乾燥させたものを使用している。水が流れている場所で採取されたウォーターヒヤシンスは、乾燥させると色が金色になり大変美しくなる。そして、スワンとスパンブリー県のコミュニティとの長年の信頼関係があるからこそ、安定的に入手することができる。

地域で煙たがられるウォーターヒヤシンスを活用し、手づくりでユニークな家具をつくる体制を構築した結果、社会問題解決の改善に貢献している。ヨタカが、害草がモノづくりによって高い付加価値を生み出し、社会問題を改善することが可能であることを示した結果、多くの追従者が現れ、様々な製品に活用する動きがタイで広がっている。今ではOTOPフェアやCraft Bangkok等、タイの手工芸品を集めたイベントに行くと、バックやサンダル、バスケット等、ウォーターヒヤシンスでつくった製品をよく見かけるようになった。

さらに、スワンが取り組んでいるのは、タイのモノづくりの存在感を高め、世界に認められるようにするという、デザイン・アイデンティティに関する課題だ。スワンによると、タイ人は欧米より自分たちは劣っていると思い込んでいたり、自信がないと思っていたりするため、自らの文化や歴史、アイデンティティに根ざしたモノづくりではなく、欧米のモノづくりを真似したがるという。多くのメーカーは、リーダー（leader）ではなく、単なる追従者（follower）として、例えば欧米風の家具をつくったり、誰かがデザインした家具のOEM生産のみに甘んじていたりする。結果的に、世界はタイを家具デザインの主要国ではなく、安価な家具をつくる単なる製造国の1つと見做していることにつながっている。このような状況の中で、ヨタカは、家具づくりにおいて主流であるハイテクを駆使した大量生産ではなく、タイの強みである手づくりというローテクノロジーを最大限駆使し、少量だが質が高く、タイのアイデンティティを持った家具をつくることによって、世界に挑んでいる。

ヨタカの家具は、デザインエクセレンス賞やタイ総理大臣輸出賞、タイ国際家具フェア（Thailand International Furniture Fair）でのデザイン賞、雑誌エル・デコのデザイン賞等、タイ国内の賞を始め、日本のグッドデザイン賞や香港のアジアデザイン賞等、様々な国際的な賞を受賞し、評価されてきた。その意味では、タイの家具づくりの存在感を高め、世界に認めてもらう目標も果たせたといえる。しかし、ヨタカだけが頑張っても無理である。なぜなら、人々はヨタカの仕事を評価しているのであって、タイの家具づくり全体を評価しているわけではないからだ。結局は、タイデザイナーが他者の真似ではなく、自らの創造力によって新しい価値を生み出せるようにならなければならないのだ。

スワンは、タイの家具づくりの今後を案じており、積極的に若手デザイナーと共同プロジェクトを行なっている。スワンは、大学のような教育現場に立ち、家具づくりを言葉で教えることを好まない。教育現場は、あくまでも製作現場なのである。本人も基本的にバンコクのショールームではなく、パトゥムターニー県の工場で仕事をしている。職人や学生らと一緒に手を動かしたり、考えたりすることが、スワンにとっての学びであり、教育である。コラボレーションも常にオープンで、若手デザイナーの方からの申し出がある時は基本的に断らない。時には、インターンシップの学生とコラボレーションすることもあり、実際に製品化した事例もある。そして、インハウスデザイナーを雇っていないヨタカにとって、コラボレーションは、スワン自身のデザイン哲学やデザインのノウハウを次世代に伝えていく貴重な機会にもなっている。

■モノづくりを通して目指していること

スワンは、ヨタカが「手仕事」と「現代デザイン」の理想的なタイのモデルになりたいと考えている。タイの職人は、繊細で美しいモノをつくるが、多くのモノは、現代のライフスタイルに合わない。人々に受け入れられるモノをつくるには、デザイン主導でモノづくりを考えなければならない。そして、職人とデザイナーが協働して現代の生活者のライフスタイルに合ったモノをつくることによって、タイの手工芸文化は持続することができる。ハイテクな機械技術を使って家具を大量生産することは、欧米や日本等の先進国で行なわれている。しかし、タイの強みである手仕事とデザインを組み合わせれば、欧米にはない製品をつくることができる。また、職人とデザイナーが協働することによって、ヨタカの家具のように、欧米がつくれないタイ独自の価値をつくれることを証明できた。一方、タイ政府の伝統工芸振興は、文化保全が目的となっており　新しい価値を創造し世界に挑むようなことはしていないため、今後タイのモノづくりが世界に打って出るためには、政策目標を変えることが求められる。

タイの家具づくりを世界に通用するレベルに引き上げるため重要になってくるのが、国際的に活躍できるタイデザイナーの育成である。タイの大学でデザインを教えている教員の多くは、欧米の大学でデザインを学んでいるため、タイ文化を卑下し、欧米文化を礼賛する人が多いという。スワンは、常に若いデザイナーたちに「タイ人として自分たちの文化や伝統的なモノづくりを大切にし、その上で欧米や日本等の様々な国の文化、ライフスタイルに合ったモノづくりを考えられるようになりなさい」と伝えている。そして、若い人たちがヨタカのモノづくりのあり方をモデルにしてもらいたいと考えている。スワンが目指している未来は、タイ人デザイナーたちが世界で活躍し、タイのモノづくりが世界的な地位を確立している社会である。

■促進しているSDGs

ヨタカは、

(1) 近隣に住む人々を雇っている。また、ウォーターヒヤシンスやヤンリパオ、パイナップルペーパー等の生産を地域コミュニティに注文することにより地域に雇用を生んでおり、目標1「貧困をなくそう」の達成を後押ししている。

(2) コラボレーションに対して常にオープンで、申し出がある時は基本的に断らない。そして、若いデザイナーや学生との協働を通して、スワン自身のデザイン哲学やデザインのノウハウを学生やデザイナーに分け隔てなく伝えており、目標4「質の高い教育をみんなに」に寄与している。

(3) 働きたい人は、手に技術を持っていなくても、8ヵ月程度で家具をつくれるように一から訓練する。職人たちは、タイ王室や世界に認められる家具をつくり、誇りを持って仕事をしている。また、自分の作業場を持ち、自分のペースで仕事を進めることができる。そして、そのようにつくられた家具は、世界に輸出されており、目標8「働きがいも経済成長も」を促進している。

(4) ヨタカは、ウォーターヒヤシンスという害草を使って家具をつくっている。また、様々な再生可能な自然素材やリサイクル可能な素材を使用して家具をつくっている。さらに、ヨタカの家具は、メンテナンスが容易で長寿命である。そして、分解しやすい設計のため、目標12「つくる責任つかう責任」につながっている。

(5) 舟の通行妨害や水生生物へ悪影響、水質汚染、国際問題の原因にもなるウォーターヒヤシンスを利用することにより、海に流れ出ることを防いでいるため、目標14「海の豊かさを守ろう」の促進につながっている。

(6) ウォーターヒヤシンスを研究していた友人との知見の共有や素材を提供してくれる地域コミュニティとの信頼関係が、家具づくりの基礎にあり、**目標17「パートナーシップで目標を達成しよう」の促進はヨタカのモノづくりの鍵となる目標である。**

スワンは、タイのモノづくりの存在感を高めることを目指して仕事をしてきた。この目標の背後には、シンガポールでの悔しい体験があった。そして、地域で迷惑な害草として、忌み嫌われているウォーターヒヤシンスに新しい可能性を見出し、タイ人の強みである手仕事を生かした家具をつくることで、ヨタカはタイを代表する家具メーカーにまでに成長した。ヨタカが生み出す家具は、欧米の模倣ではなく、手工芸というタイの強みを生かし現代のライフスタイルに合ったオリジナルの家具づくりである。スワンは、自身のモノづくりの中でSDGsを意識したことはないというが、タイに豊富にある自然素材と手仕事を生かした家具づくりは、様々なSDGsの促進につながっている。

クオリー

■プラスチック廃棄物を生かしたモノづくりで循環型社会の構築を促進する

クオリーは、ニューアリバ社が運営しているデザインブランドで、海洋生物や野生動物、植物をモチーフにした台所用品やトイレ用品、事務用品、時計、ランプ等、様々な家庭用品をつくっている。ティラチャイ・スッパメーティクンラワット(Teerachai Suphameteekulwat)が「サステナブルな世界のためのデザイン(Design for Sustainable World)」をモットーに掲げ、家業のプラスチック部品製造事業を発展させ、2004年から始まった。

ティラチャイのデザイン哲学は、地球を尊重したモノづくりによって、人々の暮らしの質を向上させることである。クオリーのモノづくりの背景には「No Earth, No Us(地球がなければ、私たちも存在しない)」という考えがある。したがって、ティラチャイは「人間中心デザイン[18]」という言葉を嫌う。なぜなら、人間中心デザインという用語には、人間の自己中心的な響きがあるからだ。人間は自然の一部であって、決して世界の中心にいる存在ではない。現在の地球環境問題は、人間の暮らしだけではなく、地球上の全ての生命に悪影響を与えている。生態系が崩壊すれば、自然資源の枯渇や気候危機により人間の暮らしと経済活動に悪影響を及ぼす。地球環境問題は、地球上のあらゆる社会や経済、政治問題を超えた人類共通の問題である。そのため、危機に瀕している自然環境や絶滅危機の動物をモチーフに、地球環境問題に対するメッセージを遊び心溢れるデザインで表現している。また、クオリーの製品は、単に地球環境問題のメッセージを伝えるだけではない。全ての製品はプラスチック廃棄物をマテリアルリサイクル[19]して製造している。プラスチック廃棄物の有効利用は、自然資源の

18　ユーザーの利便性やニーズに合わせて行なう設計のこと。

19　マテリアル(物)からマテリアル(物)へと再利用すること。マテリアルリサイクルには、「カスケー

消費や最終処分場に送られる廃棄物を削減できるため、Planet（地球）に優しく、プラスチック廃棄物をリサイクルしてつくった製品は、Profit（利益）を生み出し、機能的な製品は、People（人々）の暮らしを豊かにする。現在、クオリー製品は300種類に達し、年商1億バーツ（約4億円）を超えるビジネスに成長し、製品の90％は世界50ヵ国に輸出されている。

クオリー（QUALY）の名前の由来は、英語のQuality（品質）に由来するが、各スペルにも意味がある。「Q」はQuality（品質）を表し、「U」はUniqueness（独自性）を表し、「A」はAesthetic（美的感覚のある）を表し、「L」はLasting（永続性のある）を表し、「Y」はYou（あなた）を表す。つまり、クオリーは世界に通用する品質を持ち、一目でクオリー製品と分かる独自性があり、再生プラスチックが持つ美的感覚があり、使う人（あなた）を考えたモノづくりを実践することにより、永続的に使ってもらいたいという思いが、ブランド名に込められている。

ティラチャイによると「デザイナーは地球環境問題に向き合わなければならない」という。そのための実践的な方法として、サーキュラーデザインを実践している。クオリーが考えるサーキュラーデザインとは、リサイクル可能な製品から、リサイクル素材を回収し、マテリアルリサイクルによって原材料に戻し、デザインの力によって新しい製品にアップサイクル（創造的再利用）することにより、循環し続けるモノづくりである。そして、クオリーがつくる製品は、7つのポイントを大切にしてつくられている。

(1) 廃棄物の排出削減に貢献するために、水筒やランチボックス、食品保存容器等、持ち運びができ、使い捨てプラスチックに代わるモノをつくる。
(2) 自然資源の浪費を減らすために、プラスチック廃棄物をリサイクルした素材で製品をつくる。
(3) 地球環境問題やサーキュラーエコノミーの重要性を伝えるため、パッケージに簡潔なメッセージやイラストを載せる。
(4) 輸送時の無駄を削減するために、製品を自分で組み立てるノックダウンや製品を積み上げて省スペースにするスタッキングを採用している。

ドリサイクル」と「水平リサイクル」の2つの方法がある。例えば、回収したペットボトルからポリエステル繊維をつくることをカスケードリサイクルと呼び、回収したペットボトルを同じ製品のペットボトルに再生させることを水平リサイクルと呼ぶ。

クオリーの製品① 廃棄魚網をリサイクルしてつくった時計(World Wide Waste Clock) ©New Arriva Co., Ltd.

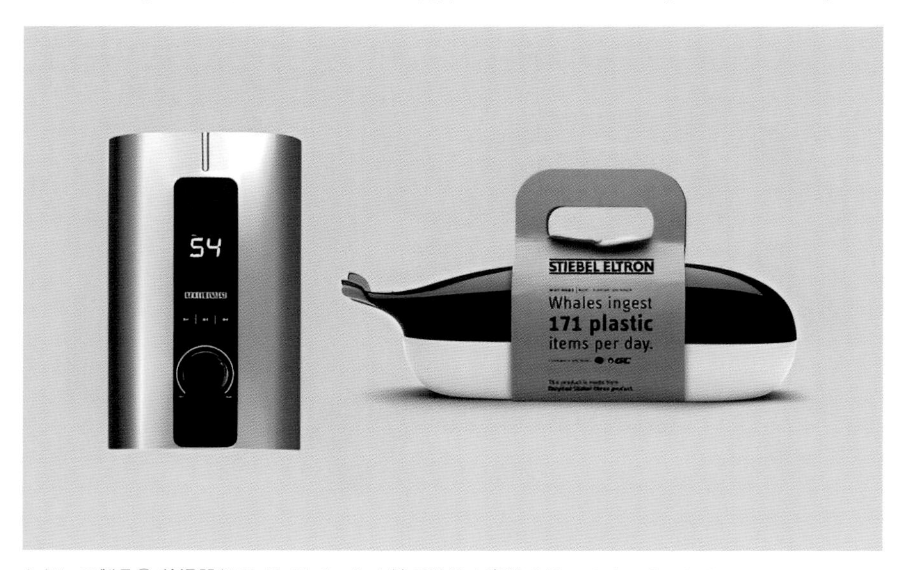

クオリーの製品② 給湯器をリサイクルしてつくった鯨の形をした容器 ©New Arriva Co., Ltd.

クオリーの製品③ 食品パッケージをリサイクルしてつくった亀のコースター ©New Arriva Co., Ltd.

クオリーの製品④ ペットボトルをリサイクルしてつくったフリルピック ©New Arriva Co., Ltd.

(5) 製品に愛着を持ってもらうために、長寿命設計を採用する。
(6) プラスチックによる海洋汚染の発生を抑えるために、単一素材でつくる等、リサイクルしやすい設計にする。
(7) 海洋プラスチックごみによる海洋汚染や資源枯渇等、環境問題や社会問題を1つの組織で解決するのは難しいため、企業やNPO、NGO等、様々な団体組織とパートナーシップを構築する。

クオリーの全ての製品は、アユタヤ県にある自社工場でつくられている。また、金型も全て自社工場でつくられている。工場で働いている約50名の従業員のほとんどは地元出身の人々であり、設計や型づくり、品質管理、機械の保全、プラスチック廃棄物の分別・洗浄等、多くの生産工程で彼らの手仕事が重要な役割を果たしている。

■始まったきっかけ

中国系家族の長男として生まれたティラチャイは、将来自分が家業を継がなければいけないことを幼い頃から認識していた。しかし、アートや絵が好きだった彼にとって、プラスチック部品を製造し続ける家業は魅力的ではなかった。アートと工業を結び付ける妥協点を見つけられたらと思い、大学でエンジニアリングを学んで欲しいと思っていた両親を説得し、キングモンクット工科大学ラートクラバン校建築学部工業デザイン学科に進学した。なぜなら、工業デザインは、自分が好きなアートと両親が学んで欲しいと思っていたエンジニアリングが折衷した分野に思えたからだ。そして、大学を卒業したティラチャイは「単に注文をくれた顧客のためにプラスチック部品を生産するのではなく、自分がデザインしたプラスチック製品をつくりたいと考えるようになった」という。また、同時期に、マーケティングを学んだティラチャイの兄が大学院を卒業したタイミングもあって、企業間取引（B2B）から脱却し、企業と消費者の取引（B2C）に特化した会社、クオリーを設立したのである。

プラスチックを生業にしているため、昨今の海洋プラスチックごみによる海洋汚染や地球温暖化、廃棄物等の環境問題は他人事ではない。そして、単にプラスチック製品をデザインし、つくる以上の何かをしないといけないと考え、地球環境問題の解決に貢献する責任あるモノづくりをしたいと思った。プラスチックは、廃棄すればゴミだが、循環させれば資源となる。プラスチックをつくるために、毎日、大量の石油が地中から掘られ、採取した石油（ナフサ）からプラスチックがつくられ、世界中で廃棄されているが、クオリーのモノづくりに活用すれば、循環が生まれる。ティラチャイが、このプラスチック廃棄物を生かし、モノづくりによってアップサイクルできれば、石油消費量を減らし、循環し続けることができると気付いたことことが、クオリーのモノづくりのきっかけだった。

■取り組んでいる課題

環境と社会に責任あるモノづくりを模索する中でたどり着いたのが、プラスチック廃棄物をマテリアルリサイクルすることによって、プラスチック廃棄物を資源として循環し続けるというサーキュラーデザインの考えである。クオリーは、様々な組織と連携し、サーキュラーデザインを実践している。例えば、クオリーは、環境正義財団[20]（Environmental Justice Foundation）やタイ大手ポリ袋メーカーのTPBI（Public Company Limited）、プレシャスプラスチックバンコク[21]（Precious Plastic Bangkok）等と連携している。そして、モノづくりによって、回収した様々な種類のプラスチック廃棄物を新しい製品へとアップサイクルしている。

具体的には、環境正義財団が実施している「魚網のない海（Net Free Seas）プロジェクト」と連携して、タイ東部のラヨーン県の漁師たちが海や浜辺で回収したナイロンやポリエステルでできた漁網を買い取り、製品素材としてマテリアルリサイクルしている。零細漁師にとっても副収入になるため、廃棄された漁網回収がインセンティブになっており、海洋プラスチック問題の改善に一役買っている。

また、パッケージ・プラスチック包装最大手、TPBI公社が運営している「ウォンプロジェクト[22]（Won Project）」と連携して、コミュニティや学校、企業、コン

---

20 環境と人権を保護するために国際的に活動している英国を拠点とする非営利団体。

21 プレシャスプラスチックは、オランダのアイントホーベンを拠点に活動するDave Hakkensが始めたプラスチックのリサイクルプロジェクト。地域で発生するプラスチック廃棄物を回収したり、持ち寄ったりし、地域の人々がコミュニティ内にある粉砕機や成型機等を使って、様々なプラスチック製品を自分たちの手でつくることができる。世界各地に広がっており、運営主体は、NPOや任意団体等様々である。 参考URL: https://preciousplastic.com/

22 TPBI公社の従業員有志で始まったプロジェクトが拡大し、現在大学やコミュニティ、様々な組織等に広がっている。

協力団体から送られてくるプラスチック廃棄物の種類 ©New Arriva Co., Ltd.
*PA（ポリアミド、通称ナイロン）、PE（ポリエチレン）、PET（ポリエチレンテレフタレート、通称ペット）、PP（ポリプロピレン）。回収された様々な種類のプラスチックは、粉砕後成型され、製品に生まれ変わる。

ビニエンスストア等で回収したレジ袋やジップロック、気泡緩衝材、ペットボトルのラベル、包装用フィルム等を買い取り、製品素材としてマテリアルリサイクルし、プラスチック廃棄物削減に貢献している。ウォンプロジェクトが様々な場所に設置した回収ボックスを使って、一般市民からプラスチック廃棄物を回収することによって、廃棄物の削減や土壌汚染、プラスチック海洋汚染を防ぐことにつながっている。プラスチック廃棄物は使用した状態・未使用な状態、どちらも回収している。

さらに、プレシャスプラスチックバンコクと連携して、一般市民から寄付されたペットボトルキャップを購入し、製品素材としてマテリアルリサイクルしており、プラスチック廃棄物削減に貢献している。クオリー自身も独自でプラスチック廃棄物を回収している。例えば、自社製品やペットボトル、ボトルキャップ、ヤクルト容器、コーヒーカップ、卵や食品パック、シャンプーボトル、洗剤ボトル、ヨーグルト容器、スプーン、フォーク等、様々なプラスチック廃棄物を一般市民から買い取っている。また、プラスチック廃棄物は、きれいに洗浄し、ラベル等をきれいに剥がして、郵送または直接クオリーのショールーム兼オフィスまで持ってくると、1kgあたり20バーツ（約80円）の割引が受けられる。回収プラスチックは、手作業でプラスチックの種類毎に分別され、粉砕機で1つ1つ粉砕され、フレーク[23]がつくられ、製品素材としてマテリアルリサイクルされる。プラスチック廃棄物を無償ではなく買い取ることによって、連携組織の活動支援につながっている。様々な企業が製造したプラスチック廃棄物をマテリアルリサイクルしているため、色や手触り等、製品の品質を一定に保つことが難しい。しかし、ティラチャイはこれを逆手に取って、工業製品にもかかわらず、プラスチック廃棄物をリサイクルして使用すると不均一な表情を持った製品ができ、面白いと説明している。

クオリーでは、化学物質の削減やゴム農家の収入安定に貢献するため、天然ゴムを使ったグリーンABSを積極的に採用している。ABS樹脂は、プラスチックの一種で、玩具やパソコン、プリンター、洗濯機、冷蔵庫、テレビ、カーオーディオ、家具、楽器、建築等、身近なところで多く使用されている。グリーンABSは、ブタジエン（合成ゴム）の代わりに天然ゴムを使うことによって、合成ゴムの使用量を削減し、トラン県のゴム農家を支援することができる。また、家具工場から排出される廃材を粉砕した木粉とグリーンABSを混合することによって、ABS樹脂の使用量そのものを削減し、環境に優しくリサイクル可能なエコマテリアル[24]もつくっている。製品を包装するパッケージデザインにおいても、サーキュラーデザインの考えが反映されている。パッケージには、リサイクルされたクラフト紙を使い、大豆のインクを使って白黒で印刷している。全てのパッ

23　廃プラスチックを破砕・洗浄し乾燥させ、原料化する前段階の破砕品。
24　より少ない環境負荷で製造・使用・リサイクルまたは廃棄することができる等、環境に優しいだけでなく、毒性がないという優れた特性・機能を持つ素材。

めこん

出版案内
004

ラオス中部ボーリカムサイ県を流れてメコンに注ぐ
ナム・カディン川に架かる通称「ガガーリン橋」をくぐる。
橋の上を走るのはラオスの大動脈、国道13号。
南に数時間行けば中部の主要都市ターケークに出る。

株式会社めこん

〒113-0033　東京都文京区本郷3—7—1
電話 03—3815—1688　FAX 03—3815—1810
E-mail: mekong@bolero.plala.or.jp
URL:　http://www.mekong-publishing.com
https://twitter.com/#!/MekongJapan
http://www.facebook.com/MekongPublishing

加納啓良
東大講義
東南アジア近現代史
東大教養学部テキスト
東ティモール
インドネシア
シンガポール
マレーシア
ブルネイ
フィリピン
ミャンマー
カンボジア
ベトナム
ラオス
タイ
11ヵ国の近現代史を一気に学ぶ

東大講義 近現代史 東南アジア

加納啓良

定価二五〇〇円＋税　A５判並製・二六〇ページ

インドネシア研究の第一人者加納啓良教授（現名誉教授）が東京大学教養学部と経済学部で長年講義してきた「東南アジア近現代史」「東南アジア経済史」の講義ノートを一冊にまとめました。一一ヵ国の一九世紀から今日に至る政治・経済の歩みは変化に富み、きわめて多様ですが、それがすーっと頭に入ってくる優れたテキストです。

❶東南アジアの概況と近現代史の時代区分 ❷近代以前の東南アジア史 ❸欧米植民地支配の拡大 ❹後期植民地国家の形成と経済発展 ❺植民地支配の帰結とナショナリズムの台頭 ❻植民地支配の終わりと国民国家の誕生 ❼ナショナリズム革命の終結と強権政治の展開 ❽製造工業の発展と緑の革命 ❾一九八〇年代からの東南アジア ❿二〇世紀末以降の東南アジア

入門東南アジア研究

上智大学アジア文化研究所編

定価二八〇〇円＋税　A５判上製・三二〇ページ

東南アジアを総合的にとらえるための入門書です。自然、歴史、民族、宗教、社会、文化、政治、経済、開発、日本との関係など、各界の専門家二五名が執筆。東南アジアへアプローチするための最良の手引きです。

ケージには、人々の環境問題への関心を高めるため、地球環境問題の様々な現状が印刷されている。パッケージは消費者の手元に届くとすぐに捨てられる運命にあるが、パッケージを開けた後も、例えばドアストッパーやごみ箱に使え、製品寿命を伸ばす工夫をしている。

サーキュラーデザインの考えを輪廻転生(りんねてんしょう)の考えに拡大したプラサティ（Pla Sathi）というプロジェクトも行なっている。プロジェクトの名前の由来であるタイ語の「プラ（Pla）」は「僧侶」で「サティ（Sathi）」は「意識」という意味である。ここでいうプラは、僧侶の他、プロジェクトの中心素材である「プラスチック」の意味も含んでいる。普段は捨てられるプラスチック廃棄物を回収し、クオリーに寄付すればタンブン（喜捨）ができるという仕組みをつくった。タイではタンブンをすることは、徳を積むことであり、それによって自分も自分の家族も幸せになれると考えられている。また、積んだ徳は現在だけではなく、来世で幸せになれるという「輪廻(りんね)」が信じられている。多くのタイ人にとって、お寺に寄進をする行為は最も一般的なタンブンであるが、最近タイでは、寄付したお金の使用用途が不明瞭だったり、お寺の不正蓄財や僧の不貞行為が社会問題になったりしており、目に見える社会支援の方に意義を感じる人々は少なくない。

タンブンは、お寺に限定されている訳ではない。慈善事業を行なっている組織でも基本的に問題ない。このような考えから、クオリーはRural Doctors FoundationやThe Redemptorist Foundation for People with Disabilities、ミラー財団、ボット・ウォラディット寺等、農村医療支援や障がい者支援、貧困支援、動物救護活動を行なっている組織と連携したオンラインプラットフォームを構築した。具体的には、人々がオンラインを通じて、支援したい団体組織を選択し、200バーツもしくは1kgのプラスチック廃棄物をクオリーに寄付すると、様々なプラスチックをリサイクルしてつくられた「プラクルアン」というお守りを受け取る仕組みである[25]。

プラクルアンとは、仏や僧を模った小仏像のお守りである。本来の材質は、金属・粘土を焼いたものや貝の粉に薬草を混ぜたもの、高僧の頭髪を混ぜて固めたもの等がある。多くの専門誌があり、コレクションや投機対象にもなっている。透明のアクリルケースに入れたプラクルアンを首から下げ、肌身離さず身

25 プラサティのホームページ：https://www.attanona.com/

クオリーの製品⑤　様々なプラスチック廃棄物でつくられたプラクルアン　筆者撮影

に付けているタイ人をよく見かける。

クオリーのプラクルアンは、コーヒーカップやコーヒーかすと混ぜたプラスチック、ヤクルト容器、CD・DVD、食品パック、ペットボトル、漁網、ヨーグルト容器、歯磨きチューブ、木粉と混ぜたグリーンABS、紙パック、セメントと混ぜたプラスチック、バケツ等、様々なプラスチック製品をリサイクルしてつくられている。クオリーのプラクルアンは、既存のアクリルケースに納めることも可能であるが、アップルウォッチ（アップル社が販売している腕時計型スマートウォッチ）のリストバンドに装着できるように設計されており、若い世代でも手軽に身に付けられるようになっている。

現在では、ラインショッピングやショッピー等の電子商取引プラットフォーム

消費者や連携団体から送られてきたプラスチック廃棄物（アユタヤ工場）　筆者撮影

を使って、誰もが気軽に寄付することができる仕組みが構築されている。プロジェクト開始から数ヵ月で100万バーツ（400万円）を超える寄付が集まった。クオリーのサーキュラーデザインの考えにも基づいたモノづくりは、日本のグッドデザイン賞や台湾のゴールデンピン・デザイン賞、タイのデザインエクセレンス賞、タイグリーンデザイン賞、タイ総理大臣輸出賞等、19の賞を受賞し評価されてきた。

■モノづくりを通して目指していること

ティラチャイは、サーキュラーデザインの実践を通して「サステナブルな世界（Sustainable World）」の実現を目指している。ティラチャイが思い描くサステナブルな世界は、人々が「足るを知り」、廃棄物がなく、自然や人工資源が循環し続けている世界である。そして、この循環は、生態系や経済活動を育む循環でなければならない。プラスチック廃棄物等の資源が循環し続けるには、ビジネスで利益を生み出し続ける必要があるが、課題もある。タイ消費者の多くは、環境に配慮した製品や地球環境問題の解決に貢献するモノづくりに対する関心が低い。クオリーは、全ての製品をプラスチック廃棄物からつくり、完全な資源循環を実現するため、消費者から不要になったプラスチック廃棄物を回収しているが、たった1社の取り組みだけでは、循環型社会を実現することはできない。しかし、もし皆が協力し合えば大きな変化を生み出すことができる。さらに、他の企業がクオリーのモノづくりを見て、新しいビジネスの機会と捉え、どんどん模倣すれば、埋立地へ送られるプラスチック廃棄物も減り、サステナブルな循環型社会を実現できると考えている。

■促進しているSDGs

クオリーは、

（1）モノづくりを通して貧困や農村医療、社会的弱者等、社会課題に取り組んでいる団体組織を支援する仕組みを構築している。また、ゴム農家の収入安定に貢献するため、天然ゴムを使ったグリーンABS樹脂を積極的に採用している。さらに、アユタヤ県の工場で働く従業員は地元の人々を雇っており、目標1「貧困をなくそう」の達成を後押ししている。

（2）クオリーは、消費者が生み出すプラスチック廃棄物を使用し、アップサイクルするモノづくりの仕組みを構築している。また、タイ特有のタンブン（喜捨）文化とサステナビリティを組み合わせ、プラスチック廃棄物問題を解決するためのユニークなモノづくりの仕組みを構築しており、目標9「産業と技術革新の基盤を作ろう」に貢献している。

（3）クオリーは、消費者が出したプラスチック廃棄物や他の団体組織が回収したプラスチック廃棄物を購入することにより、プラスチック廃棄物の有効利用を促進し、気候危機の原因である石油消費の削減に貢献している。また、ABS樹脂の消費を削減するため、家具工場から排出された廃材を粉砕した木粉や天然ゴムをABS樹脂と配合し、環境に優しくリサイクル可能なグリーンABSもつくっており、目標12「つくる責任つかう責任」を促進している。

（4）海や浜辺で回収されたナイロンやポリエステル製の漁網から製品をつくることによって、海洋プラスチック汚染の削減に貢献しているため、目標14「海の豊かさを守ろう」の達成に寄与している。

（5）クオリーのモノづくりは、様々なNPOや財団、企業との連携がなければ成立しないため、目標**17**「パートナーシップで目標を達成しよう」の促進は、重要な目標である。

クオリーは、ペットボトルやコーヒーカップ、シャンプーボトル、食品パック、洗剤ボトル、ヨーグルト容器、スプーン、フォーク、漁網等、日々の暮らしで廃棄されているプラスチック廃棄物を資源として生かしたモノづくりを行なっている。サーキュラーデザインの実践を通して、様々な環境問題や社会課題の解決につながり、循環型社会の構築を促進している。クオリーは、SDGsをモノづくりの羅針盤として意識的に活用して、モノづくりがSDGsにどのように関与できるかを常に模索しており、様々な革新的製品を生み出している。

ウィシュラダ

■廃棄物を生かしたモノづくりで社会を変革する

ウィシュラダは、ウィシュラダ・パンタヌウォン（Wishulada Panthanuvong）によって設立されたブランドである。彼女は、アートは環境問題を解決できると信じ、「廃棄物を貴重なアートに変える（Turning Trash to Treasured Art）」を掲げて活動している若き社会活動家アーティスト（Social activist artist）である。ウィシュラダは自身を社会活動家アーティストと称しており、創造性と手によるモノづくりによって廃棄物は価値あるモノに変容できると考えている。ウィシュラダの全ての製品や作品は、地域や事業者から回収した廃棄物が使われ、地域コミュニティの人々と共同して、一点一点手づくりされている。彼女のモノづくりは、廃棄物を使ったリュックサックやカバン、小物入れ、衣服、家具等のプロダクトデザインやインスタレーション作品等、多岐にわたる。

ウィシュラダは、アートやデザインは人々の意識や社会を変えることができると強く信じている。ウィシュラダのカバン等の製品を見ると、廃棄物でできていることを感じさせないほど美しくつくり込まれており、廃棄物から美しいプロダクトがつくられていることに正直驚く。製品は、バンコク現代美術館のミュージアムショップやサイアムディスカバリー、アイコンサイアム、バンコク都内やプーケットのアートギャラリーで販売されている[26]。

ウィシュラダのモノづくりで興味深いのは、自身の創造活動を社会的企業活動として捉えている点である。また、モノづくりは、作家のように一から全て自分で行なうのではなく、家族や地域コミュニティの人々を巻き込んで行なわれ

26　2023年からは、バンコクマリオットホテル・ザ・スリウォンやザ・スクンビットを始め、クラビ県のバンヤンツリーホテル、オークラ・プレステージ バンコク、ル・メリディアン バンコク、メリア チェンマイ等、5つ星ホテルでも販売されている。

ウィシュラダの製品① 廃棄された布の端切れを編んだリュックサック ©Wishulada

ている。例えば、エンジニアだった父親は、インスタレーション作品づくりの現場監督や電気工事を行ない、織物が得意の母親は、製品の品質管理を行なっている。さらに、母親は地域コミュニティでウィシュラダのために働く人々の食事の面倒を見るという。現在ではウィシュラダのメンバーとして制作に関与できることが「生きがい・働きがい・誇り」になっているという。また、ウィシュラダのインスタレーション作品や製品等、モノづくりは、地域コミュニティの人々を雇用してつくられている。

■始まったきっかけ

ウィシュラダは、子どもの時から両親が廃棄物をうまく工夫して、花瓶や冷

ウィシュラダの製品②　廃棄された布の端切れでつくったトートバック　©Wishulada

水筒等にリユースして、暮らしの中で生かす後ろ姿を目にして育った。ウシュラダにとって廃棄物は、身近にある存在でインスピレーションの源だったという。昔から廃棄物を見ても単に「価値がないモノ」とは思わず「何かに使えるな」とか「面白い顔に見えるな」等、創造力・想像力を掻き立てる存在だった。やがて、タイの名門、チュラーロンコーン大学美術工芸学部に進学した。アーティストを養成する学部に進学したため、両親に将来を心配されたという。アートを学び始めた彼女は、やがて課題制作でストローやプラスチックカップ、端切れ等、自宅にある廃棄物やリサイクルショップで売られているモノを使って、環境破

ウィシュラダの製品③　廃棄された布を縫い合わせたエコバッグ　筆者撮影

壊から影響を受ける野生動物や自然環境破壊の物語を伝える立体作品をつくるようになっていった。

卒業制作に取り組むにあたって、独学で環境問題について学び、大量生産・大量消費・大量廃棄が、プラスチック海洋汚染や大気汚染、土壌汚染、水質汚染、気候危機、天然資源枯渇の原因になっていることや海洋に流出するプラスチックが食物連鎖を通じて海洋生物や人間に悪影響を与えていること、最終処分場確保の問題等､様々な環境問題の要因になっていることを知った。それから、ウィシュラダは環境問題に対して何かできないかと考え、自分の強みである創

ウィシュラダの製品④　廃棄された布の端切れでつくったスツール（背のない椅子）©Wishulada
＊スツール本体も廃棄されたものを再利用している。

造力を生かして、自分の家から生まれる廃棄物を使ったモノづくりを始めることにした。

ウィシュラダは次第に自然環境問題や社会問題の解決を目指し活動するアーティストになりたいと思うようになった。ウィシュラダが社会活動家アーティストと名乗るようになったきっかけは

(1) 環境問題の根本的な原因は人々の意識にあるということに気付いたこと。
(2) アーティストは、自分の内面だけではなく、世界や社会で起こっている様々な出来事や社会課題、環境問題に対して関心を持つことが大切と考えるようになったこと。
(3) アーティストでも自分の持っている表現を社会につなげれば、人々の意識

を変え、社会課題や環境問題解決等、社会を変えられること。
に気付いたからである。

大学の卒業制作展で最優秀賞を取ったウィシュラダは、2014年にファッションデザイナーのソムチャイ・ソンワッタナ（Somchai Songwattana）が主宰しているフライ・ナウ（Fly Now）というブランドのファッションショーで、廃棄物を使った作品を展示する機会を得て、多くのメディアに注目されるようになった。アート以外の人々と出会うことによって新たな人脈が生まれ、その人脈が新しい機会をもたらし、自身の可能性や世界を広げてくれることを身をもって実感した。また、アーティストはビジネスに対して疎いが、アートだけではなくビジネスも学ばなければと思い、2015年から2017年の間、ビジネスを学ぶためにアーティストとしては活動せず、企業で有名ファッションブランドのビジュアルマーチャンダイジングや販売促進、プロダクトマネジメントに従事し、企業での働き方やマーケティングを学んだ。そこで、アーティストはスタジオや工房に籠って黙々と作品をつくるのではなく、社会と積極的に関わることが大切であることを実感した。

2019年に開催されたバンコクデザインウィークへの出展を機に、ウィシュラダを立ち上げた。2018年11月に開店したばかりでタイ最大級の大型商業施設であるアイコンアイアムで展示を行なったことによって、多くの人々の目に触れることになり、国内外の組織からプロジェクトが舞い込むようになった。ボルボやワコール、ザ・ボディショップ、アユタヤ銀行、SCG[27]、AIS[28]、ペニンシュラホテル、タイ証券取引所、ユニセフ、Chia Tai[29]等、多くの団体組織のためにインスタレーション作品をつくった。廃棄物でできた作品の視覚的なインパクトは強烈である。さらに、作品は展示後の活用も考えられてつくられている。例えば、展示が終わったインスタレーション作品は、他のインスタレーション作品や製品の材料にリユースされる。また、全国から送ってもらった玩具でつくられたインスタレーション作品等は、展示後に解体し、子どもたちに寄付している。

27　サイアム・セメント・グループは、タイ王国最大手かつ最古のセメント製造企業。
28　タイを代表する移動体通信事業者。
29　タイを代表するアグリビジネス企業。

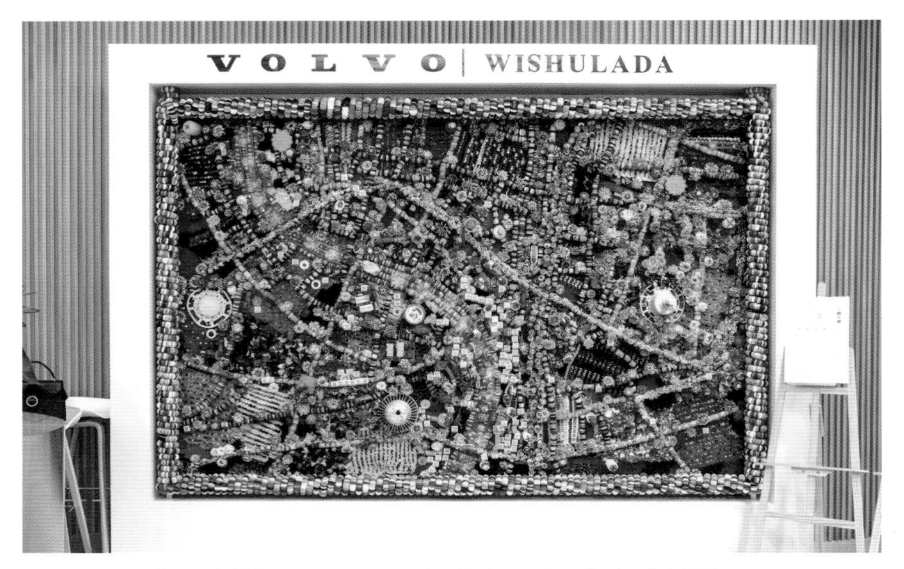

インスタレーション作品　廃棄物でつくったバンコクの地図(本書のカバーに使用)　筆者撮影

■取り組んでいる課題

ウィシュラダにとって廃棄物は「ごみ」ではなく「材料」である。制作に使用する廃棄物は、事業系とコミュニティ系(一般固形廃棄物)に大別することができる。事業系廃棄物は、テキスタイル産業振興会 (Thailand Textile Institute)等、業界団体の仲介や企業側からの直接的な提供により、また、自分で企業に直接問い合わせて入手している。多くの団体組織は、廃棄物を回収しても、回収物(例えばバンコク・スカイトレインの切符)や副産物(端切れ)をどのように扱って良いかわからない場合が多い。最終的には廃棄処分することになるので、ウィシュラダのように引き取ってくれる人がいることは、企業にとっても助かる。

ペットボトルや空き缶等のコミュニティ系廃棄物は、地域コミュニティから適正価格で購入したり、地元の人が寄付してくれたりする。地域の人々に、廃棄物は価値あるものであるという気付きを生む。パソコンやテレビ等の電子廃棄物(E-waste)は、鉛やカドミウム、水銀等の有害物質を含むものが多く危険なため、使用しない。端切れ等の事業系の廃棄物は、主にカバンや財布、家具等の製品をつくるのに使用され、ペットボトルやストロー等、コミュニティ系の廃棄物は、私た

回収された布端切れ　筆者撮影

ちが普段よく目にするものであり、インスタレーション作品に使用される。

ウィシュラダは、2018年から2022年までに合計6トンもの廃棄物を再利用し、インスタレーション作品や製品をつくってきた。内訳は以下の通りである。

プラスチックキャップ（965kg）、布端切れ（1810kg）、アルミ缶のキャップ（209kg）、ライフジャケット（32kg）、ペットボトル（877kg）、ストロー（229kg）、菓子袋（35kg）、瓶の蓋（175kg）、魚網（51kg）、キーボード（20.5kg）、プラスチックカップ（173kg）、麻袋（82kg）、ボタン（39.3kg）、電気ケーブル（100.7kg）、空き缶（225kg）、ポリエチレン容器（8.5kg）、ポリプロピレンストラップ（120kg）、洗濯洗剤バッグ（16kg）、木の端材（3kg）、プラスチックくず（12kg）、金属くず（120kg）、紙管（しかん）（48kg）、マネキン（5kg）、アルミランプ（52kg）、ブラジャー（250kg）、スポンジ（2kg）、ポリプロピレンボード（0.25kg）。

このように、多様な廃棄物を素材として活用している。

ウィシュラダは、製品寿命の長寿命化や廃棄物防止の追求等、エコデザインやゼロ・ウェイスト・ファッションデザイン[30]の実践を通して、モノづくりの上流（生

30　廃棄物を生まないファッションデザイン。例えば、生地を使い切るようなパターンカッティングによ

PPストラップ　筆者撮影

産）で可能な限り廃棄物の発生を減らす努力をし、下流（消費）で廃棄物を再利用できれば、資源は循環し社会はより循環型になると考えている。ウィシュラダの制作活動を観察すると、循環しているのは資源だけではないことが分かる。2018年から2022年の間に地域コミュニティから購入した廃棄物は、合計378万バーツ（約1445万円）にもなった。モノづくりを地域コミュニティとつなげることによって、廃棄物だけではなく、お金も循環させている。

ウィシュラダのモノづくりは、地元ノンタブリー県（バンヤイ地区）やナコーンパトム県、チャイナート県にあるコミュニティの人々を雇用してつくられている。地元ノンタブリー県では、20人体制でインスタレーション作品をつくっている。タイ中部にあるナコーンパトム県やチャイナート県の各コミュニティでは3名体制、50人体制で製品をつくっている。ノンタブリー県のバンヤイ地区との出会いのきっかけは、商務省が企画したビジネスとコミュニティをマッチングさせるツアーだった。マッチングツアーでバンヤイ地区を訪れた時、立体物をつくるのに長け、フィームー（手技）を持った人々と出会ったことをきっかけに、一緒

って、ムダなく使う工夫や端切れを活用するデザイン。

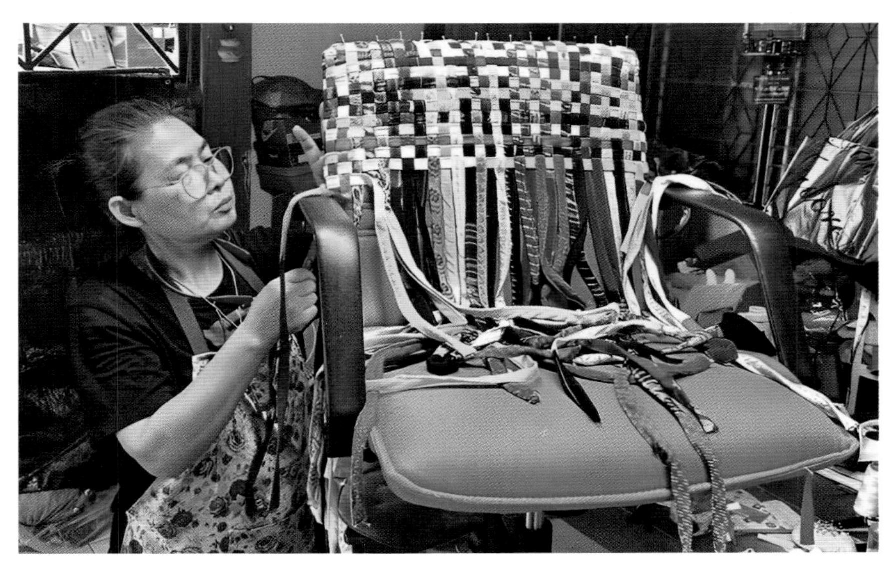

制作に従事するコミュニティの人々①　筆者撮影（チャイナート県）
※ 椅子も廃棄されたものを再利用している。

に仕事をしたいと思い声を掛けた。また、チャイナート県のコミュニティとの出会いも、マッチングツアーがきっかけだった。訪問した時、廃棄物を使ってアップサイクル的なアプローチで既にモノづくりをしていた。彼らのフィームー（手技）を見て、一緒に仕事をしたいと思い声をかけた。地域コミュニティ内で一緒に仕事をし始めると、噂を聞いた人々からも手伝いたいという申し出があり、徐々に人数が増えていき現在の体制になった。

基本的にフリーランスとして雇用[31]しているが、ウィシュラダは「単に作業員として雇っているのではない」と強調する。いわれたことをやるだけでは、工場労働者と同じになってしまうし、コミュニティは生産工場ではないからだ。インスタレーション作品や製品のスケッチはウィシュラダが描くが、積極的に現場のスタッフの意見や提案、アイデアを聞き入れながら、ワンチームでモノづくりを進める。このようなチームによるモノづくりは、時に思わぬ発見や驚きをもたらす。

31　タイでは自営業者として、様々な仕事を掛け持ったり、転々としたりする人が多い。会社に縛られないため、仕事を自由に決められる一方、年金や失業保険等、社会保障等は一切ない。

制作に従事するコミュニティの人々②　筆者撮影(ノンタブリー県)

工房には高価な機械はなく、市販で購入できる機械や道具をうまく工夫したり、改造したりしている。

地域コミュニティの人々が、制作に関わった製品が有名デパートで売られ、インスタレーション作品がテレビや雑誌に登場することによって、仕事への自信や誇り、働きがいを生んでいる。また、地域コミュニティの人々がモノづくりに関与することによって、地域コミュニティに収入を生み出し、新しい経済活動も生み出している。ちなみに、筆者が訪問した時は、クリスマスの時期ということもあり、タイ最大のアルコール飲料メーカーのタイ・ビバレッジ社から依頼された高さ6mのクリスマスツリーを、タイ・ビバレッジ社が回収したペットボトルやミネラルウォーターのキャップを使ってつくっていた。ペットボトルやボトルキャップは、タイ・ビバレッジ社から提供され、作品で使用された素材は、展示後に再度リユースされる。廃棄物でできたクリスマスツリーは、バンコクの中心地にあるタイ最大級のデパート、セントラルワールドで展示された。

ファストファッション[32]は、裾野が広く川上から川下にかけて多くのステーク

32　低価格に抑えた衣料品を短いサイクルで世界的に大量生産・販売するブランドやその業態のこと。

ホルダーが関与しており、課題も広範囲に及ぶ。例えば川上では、綿花栽培における水の大量消費に起因する水不足や農薬の大量消費による自然環境破壊、農家の健康被害等がある。川中では、製造工程で排出される廃棄物や汚染水、在庫の大量廃棄の問題がある。川下では、消費者による廃棄や洗濯によって抜け落ちるマイクロファイバーによる河川や海洋汚染を引き起こす等、様々な環境問題の原因になっている[33]。このような状況を受け、ウィシュラダは、自身のモノづくりを通じて、産業システムが生み出す廃棄物の削減に貢献したいと考えている。例えば、タイのファッション産業の副産物である生地の端切れを使用し、それを生かして様々なバッグや家具をつくっている。もし新しい価値に変換しなければ、何百年も地中の中で分解もされず、雨や風によって廃棄物が流出し、土壌や河川、海を汚染し続けることになる。したがって、ウィシュラダの取り組みのように、廃棄物が資源として新しく巡る循環経路を切り開くことによって、ある程度、廃棄物発生抑制を期待することができる。

ウィシュラダは、廃棄物問題の原因には、人々の意識の問題があると感じており、ストーリーを伝える作品を通して、観る者の環境問題に対する意識を高めたいと考えている。そのために、単に廃棄物を材料として扱い、作品をつくるだけではない。母校のチュラーロンコーン大学に戻り、エネルギー・テクノロジー・マネジメント修士課程で環境影響評価（Environmental Impact Assessment）を学び、モノづくりに必要な廃棄物を洗浄する水の量やエネルギー使用、廃棄物の輸送に使用した燃料等のデータを使って、カーボン・フットプリントを計算し、環境負荷を見える化している。また、モノづくりで地域コミュニティに支払った賃金等のデータを使って、地域コミュニティへの貢献度も計算している。作品のカーボン・フットプリントや環境や社会へのインパクトを見える化することができるようになり、より説得力のある形でストーリーを伝えることができるようになった。ウィシュラダは、ラーマ9世の「足るを知る」思想を独自に解釈して、廃棄物問題に取り組んでおり、廃棄物を利用したモノづくりは、廃棄物を生むことが、他者と周りの世界の両方に与える可能性のある影響について思慮深く考えることを促すと考えている。

33　グリーンピース「ゼロから学ぶファッションと環境問題」https://onl.tw/ifwaVvM（最終閲覧日：2022年9月5日）

■モノづくりを通して目指していること

ウィシュラダは、タイの多くのコミュニティでアップサイクル（創造的再利用）が定着している社会を思い描いている。彼女は、この構想を1つの村が1つの特産をつくる「One Tambon One Product（OTOP）」に倣って「One Tambon One-waste Product（OTOP）」と表現している。残念ながら、タイ政府はこの構想にあまり関心を示していない。しかし、このようなビジョンは、循環型社会の実現において大切である。なぜなら、循環型社会は、資源循環の仕組みを確立さえすれば、生産様式や消費行動、ライフスタイルの見直しをしなくても、今まで通りに何でもかんでもどんどん生産して、どんどん捨てて良い、ということではないからだ。循環型社会を実現する技術や制度も必要だが、廃棄物を活用する新しい文化も求められる。そして、生産や消費の抑制を図り、自然・産業システム内に投入される資源量を減らし、資源循環スピードを減速させ、時間を稼がないと、自然の吸収機能は麻痺し、産業システムの環境負荷も増大する。

ごみヒエラルキー（ゴミ対策ですべきことの優先順位）を考えると

(1) Refuse（使用せず済ませる）。
(2) Reduce（使用量を減らす）。
(3) Reuse（繰り返して使う）。
(4) Repair（修理して使う）。
(5) Refurbish（古くなったものを改修して使う）。
(6) Remanufacture（解体した部品を使って再製造されたものを使う）。
(7) Repupose（余ったモノや部品を別用途に使う）。
(8) Recycle（マテリアルリサイクルやケミカルリサイクル）。
(9) Recover（サーマルリサイクル）

となっている。

ごみヒエラルキーの観点から見ると、リサイクルの優先順位は低い。リサイクルの上位レベルの取り組みを促すには、人々の意識改革や廃棄物を活用する新しい文化の確立が求められる。ウィシュラダは、One Tambon One-waste Product（OTOP）を通じて、資源循環の仕組み構築だけではなく、そこに暮らしている人々が生産消費者として、ブリコラージュ[34]やアップサイクル等、創造活

34　文化人類学者のレヴィ＝ストロースが「野生の思考」の中で紹介した。端切れや余り物を使って、

ワークショップの様子　筆者撮影

動を行なっている社会の未来を思い描いている。

そんな社会の実現において鍵となるのが、人々の創造的思考である。ウィシュラダは、創造的思考の重要性に気付いており、各地で無償のワークショップを企画し、子どもから大人まで創造的思考を育む機会づくりを積極的に行なっている。

しかし、創造的思考があっても、実現する技術やモノづくりを支援するインフラストラクチャーがなければ、創造的思考を最大限生かすことはできない。筆者は「One Tambon One-waste Product（OTOP）」の実現には、創造的思考に加えて、何かモノを生み出す時に必要なフィームー（手技）や社会的インフラストラクチャー（例えばファボラボやメイカーズ等のコミュニティベースの工房等）の重要性も加えておきたい。このような創造活動支援があれば、One Tambon One-waste Product（OTOP）は実現し、地域コミュニティから循環型社会を促進する新しい文化や経済活動が生まれるかもしれない。

その本来の用途とは関係なく、当面の必要性に役立つ道具を作ることで、世界各地に見られる営み。

■促進しているSDGs

ウィシュラダは、

(1) モノづくりを地域コミュニティにつなげることによって、地域に雇用を生み出しており、目標1「貧困をなくそう」を促進している。

(2) 廃棄物を使った視覚的にインパクトのあるインスタレーション作品や製品をつくることによって、人々を驚かしている。また、製品が有名デパートで販売され、インスタレーション作品がテレビや雑誌に登場することにより、廃棄物に対する人々の価値観を変容させている。各地で子どもから高齢者までを対象にした、無償のワークショップを積極的に行ない、人々の創造的思考を高めており、目標4「質の高い教育をみんなに」を後押ししている。

(3) 廃棄物を地域コミュニティから買い取ることによって、地域に小さな経済活動を生んでいる。また、モノづくりに参加することによって、地域の人々に働きがいや誇り、自信を生み出しており、目標8「働きがいも経済成長も」を促進している。

(4) 企業が生産工程で排出する廃棄物や業界団体が回収した廃棄物をモノづくりにリユースする等、廃棄物の新しい循環経路を切り開き、廃棄物を削減している。モノづくりで使用された素材も展示後に再度リユースすることを前提につくっており、目標12「つくる責任つかう責任」の達成を推進している。

(5) モノづくりという廃棄物の新しい循環経路を切り開くことによって、最終処分場から流出する廃棄物に起因する土壌汚染や河川、海洋汚染を減らしており、目標14「海の豊かさを守ろう」や目標15「陸の豊かさも守ろう」を促進している。

(6) ウィシュラダのモノづくりは、地域コミュニティや企業、業界団体との連携が基盤にあるため、目標17「パートナーシップで達成しよう」の促進は活動の持続性において大切な目標といえる。

ウィシュラダは廃棄物に新しい価値を見出し、廃棄物を使ったモノづくりを地域コミュニティとつなげることによって、様々なSDGsを促進している。ウィシュラダのモノづくりで使用する廃棄物は、全体量に対して雀の涙であるが、アートで社会を変えたいという情熱とミッションを携えたモノづくりは、徐々に人々の意識や価値観を変えている。しかし問題もある。廃棄物問題は一部の人々だけで解決できるものではない。資源循環には、モノの修理や再利用、再創造、再資源化のための分別といった消費者の関与や協力だけではなく、そもそも廃棄物を生まない等、エコデザインの徹底といった生産者の関与が欠かせないが、タイの現状では上流にいる生産者の意識は低い。現在タイは国家主導でサーキュラーエコノミーを推進しているが、現場レベルでは、大企業でさえもリサイクルが難しい着色ペットボトルを未だに大量生産し続けている。また、たった1回のリユースではなく、資源が自然や産業システムを循環し続けるには、廃棄物を暮らしに生かす新しい文化の確立や、資源循環を社会制度として構築することが根本的に求められる。ウィシュラダはまだ30歳に満たないが、彼女の情熱は行政、産業界、地域の人々を突き動かし、人々にインスピレーションと勇気を与え、タイ社会を変えていくだろう。

メーティータ

■伝統的な天然藍染で村の持続可能性を促進する

タイ東北部にあるサコンナコーン県は、藍染が有名な地域である。この地では、男性が田んぼで働き、女性は家の床下で藍染の生地を織っているという姿をよく見かける。現在、50を超える染織工グループが藍染で生計を立てているが、この地域を藍染の地として有名にしたのが、メーティータ（Mae Teeta）である。メーティータは、1995年にプラファイパン・デーンチャイ（Praphaiphan Daengchai）が中心となって、サコンナコーン県で設立したブランドである。メーティータの「メー」は、タイ語でお母さんという意味で「ティータ」はプラファイパンの母の名前である。簡単にいうと「ティータお母さん」という意味である。綿や染めに使う藍やマンゴーの樹皮および葉、コクタンの実は、全てメーティータがあるムアン・サコンナコーン郡カミンにあるバンナディ村や周辺の村々で栽培・収穫されている。

また、プラファイパンをリーダーとして、緩やかな天然藍染グループを形成しており、連携しながら村全体で藍染が行なわれている。グループのメンバーである村の人々は、村でつくった綿から手紡ぎで糸をつくり、合成化学物質は添加しない天然の藍を使って糸を先染めし、出来上がった糸を手づくりの手織機を使って、1点ずつ丁寧に手織でつくっている。

また、綿で生地を織った後、藍で染める後染めも行なっている。このような手仕事による藍染は、この地域で何世紀も変わらず行なわれている方法である。この地のモノづくりで興味深いのは、日本の工芸産地のように、地域内で分業してつくるのではなく、基本的に村の各家庭で、綿や藍の栽培から綿糸づくり、藍染、織りまでが、一貫して行なわれている点である。そして、1人もしくは複数の専門の職人が、仕事を分業し、つきっきりでつくり続けるのではなく、村人

バンナディ村　筆者撮影

糸紡の様子　筆者撮影

自分の畑で収穫した綿から紡いだ綿糸　筆者撮影

が自分の都合の良い時間に最初から最後まで仕事をする点も興味深い。多くの家では、藍や綿を自家栽培しており、独自の藍染のレシピがある。藍液をつくるのに必要な灰づくりも、自宅の庭にあるココナッツの殻やバナナの茎を使用する。作業場は、自分の家の床下にあるスペースを利用する。日本の工芸産地のように、地域の中で分業体制を構築し、地域全体でモノづくりをするのとは違う。日本のモノづくりは、職人の高齢化や担い手不足によって分業体制に問題が起きると、産地全体に影響が出てしまい、穴埋めをするためには、地域内で代わりを見つけるか、地域外で見つける必要がある。しかし、タイのように各家庭で最初から最後まで行なう方法だと、ある家庭が何かの事情でつくれなくなっても他の家族で対応できるため、よりレジリエンス（困難に対してうまく乗り越えたり、回復したりする能力）が高く、よりサステナブルなモノづくりといえるだろう。そして、「タイ」には「自由」という意味があるように、タイ人は何よりも「自由」や「自立」を大切にする。地域で分業体制を敷き、他者に依存したり、急かされたり、待たされたりするモノづくりは、タイの人々の性には合わない。また、村人にとって藍染は、工場や工房で朝9時から夕方5時まで等、きっちり時間労

家の床下を利用した作業場と織機　筆者撮影

働として行なわれるものではない。村の人々の多くは、本業は農家であるため、藍染は農作業の合間に行なう。さらに、村人は綿や藍の他、季節に応じて自分の畑や庭先で野菜や果物を育てたり、鶏や鴨、水牛等も飼っていたりするため、例えば景気が悪くなり藍染の仕事が減り現金収入が減っても、食うに困らず暮らすことができる。

メーティータで使用する藍や綿は、プラファイパンの母から受け継いだ畑で、化学肥料を一切使わず、自分の手で栽培している。注文が多く入り、材料が足りなくなると、村人から融通してもらう。工房は、プラファイパンの兄や姉の3人で切り盛りしている。藍液は、独自の配合と方法でつくられている。つくり方は次の通りである。初めにバナナの茎と乾燥させたココナッツの殻を燃やし、灰をつくる。できた灰を水に溶かしてアルカリ性の水をつくる。収穫した藍は水に24時間漬ける。藍を取り出した水の中に、赤セメントや砂糖を溶かし、インディゴケーキをつくる。インディゴケーキとは、水の底に沈殿する藍の固まりで、長期保存ができる。先ほどのアルカリ性の水にインディゴケーキを溶かし、

メーティータの藍液　筆者撮影

タマリンド[35]と砂糖を加えて、藍液をつくっている。

綿糸も、自分たちが栽培した綿から、自分の手で糸車を回して紡いでいる。出来上がった綿糸を工房で染め、染め上がった綿糸を村の職人に配布して、生地をつくっている。また、メーティータでは、天然藍染だけではなく、コクタンの実やマンゴーの樹皮や葉等も使用して、綿糸を染めている。

生地のつくり方もユニークで、注文が多い時には、グループの助けを借りながら制作する。その場合、グループの職人らには、テーマを与えて生地を織ってもらう。例えば「乾季に沈む夕日の色」とか「収穫時期の稲穂の色」とか、各自が持っているイメージに合わせて生地を織ってもらう。様々なパターンの生地が生まれるが、プラファイパンは、決してデザインを均一にしようとは思わない。藍染は、工場生産のように、きっちりと仕様に合わせてつくる工業製品ではなく、村人のライフスタイルや個性が現れた作品だからだ。

しかし、メーティータは、伝統的な藍染だけに固執しているのではない。伝

35　タイではどこにでもある木。果実は調味料や飲料、ドライフルーツ等、食用として利用できる。タイ料理には欠かせない。

コクタン染め　筆者撮影

統的知識を意識的に継承しながら、藍染を革新するモノづくりにも取り組んでいる。メーティータを国際的に認知させ、若者にも人気のファッションブランドに押し上げたのが、プラファイパンの長女でファッションデザイナーのスカジットである。スカジットは、織り上がった藍染生地を使って、様々なファッション製品をデザインし、メーティータブランドとして世界に発信している。しかし、成功したからといって、お金儲けのために、工房を拡張して多くの人を雇ったり、藍染を大量生産したりすることには、全く関心がない。今の自分たちができる範囲で、自分が納得し、自然環境にとって、村の人々にとって、使い手にとって、良いモノだけをつくり続けていきたいと考えている。

■始まったきっかけ

プラファイパンは、1983年、国立チェンマイ大学社会科学部地理学科を優秀な成績で卒業した。村で初めて高等教育を受けた人だったので、両親は彼女が農業を継ぐことを望まなかった。卒業後、バンコクにあるチュラーロンコーン大学の助手として働く機会を得たため、大都会で暮らすことになった。しかし、交通渋滞や忙しいバンコクでの生活に嫌気が差し、8ヵ月後に子どもたちとバンナディ村に戻ることにした。また、バンコクでの生活で気付いたことは、バンナディ村は、畑や豊かな自然等、生きていくのに必要な条件が揃っているにもかかわらず、それを生かしていないということだった。大学在学時から、いつか教育を受けた自分は、村の人々が都会に出稼ぎに行かなくても豊かに暮らし続けられるように、村の発展に役に立つことをしなければならないという使命感を持っていた。そして、村に帰ったプラファイパンは、たまたま母から天然藍染のスカートを貰い受けたのをきっかけに、小さい頃、祖母がつくってくれた藍染を着て暮らしてきたことを思い出し、藍染について興味を持つようになった。しかし、サコンナコーンの伝統的な天然藍染は、プラファイパンの祖母が生きていた時代を最後に既に失われていた。なぜなら、祖母は伝統的な藍染を次の世代に教える必要はないと考えていたからだ。藍染は手が青く汚れるという理由で、家族には手伝いを求めず、常に祖母が全部1人で行なっていた。そのため、知識が次の世代に引き継がれなかったのである。そこで、天然藍染の伝統を復活すべく、プラファイパンはティータお母さんと共に立ち上がった。これが、メーティータが生まれるきっかけとなった。

■取り組んでいる課題

一度失われてしまった伝統的な天然藍染文化を復活させるという壮大な取り組みは、1992年に始まった。まず、プラファイパンらは、天然の藍染を知っている人を探さなければならなかった。そのために、毎日のように朝市に行き、手や足が藍で青くなっている人を見つけては、その人から話を聞いたという。しかし、多くの人々は、もう引退していたり、藍染を生業とすることは辞めてしまった人だったり、つくり方が伝統的な藍染でなかったりした。また、知識を持っている人を見つけるため、北部や東北部の僻地の村やラオスまで出かけて行った。なぜ、この地域の天然の藍染が失われたかというと、藍染の服を着るのは高齢者や農民等の労働者たちで、藍染の衣服は時代遅れであるという認識を当時の多くの人々が持っており、人気がなかったからである。さらに、課題は伝統的な天然藍染の復活だけではなく、藍の栽培も大きな課題だった。村の人々は藍染を止めてしまっていたため、村にはこの地域固有の藍の種が消えており、プラファイパンらはこの地域に適った藍の種を探さなければならなかった。ようやく見つけた藍を少しずつ自宅の裏庭で育てながら、栽培面積を拡大していった。3年間かけて、天然藍染の方法に関する情報を集め、試行錯誤の末、独自の藍染を完成させた。しかし、当時サコンナコーンでは藍染の需要はなかったので、ピックアップトラックに藍染の生地と庭や畑で収穫されたマンゴーやバナナ、米等を一緒に積んで、バンコクやチェンマイ等の大都市まで売りに行かなければならなかった。

その当時、バンコクでの立派な仕事を辞めてまでして、村に帰り、藍染をすることに対し、周りからはなかなか理解されなかった。都会帰りの学位を持った小娘が廃れてしまった藍染をすることに対し、バンナディ村の人々は半信半疑だったのだ。また、藍染に対しても、自然素材ではなく、合成染料を使った方が良いと信じる人が多かったり、村では藍染の仕事は女性の仕事で男性の仕事ではないという偏見があったりした。しかし、プラファイパンの地道な取り組みは、着実に実っていった。1997年にはメーティータはOTOPの5つ星を獲得し、サコンナコーンのプレミアムOTOPに認定され、2004年にはタイ総理大臣輸出賞を受賞し、評価を確立していった。さらに、同年に公開されたハリウッド映画「トロイ」の中で、俳優のブラッド・ピットが着る衣装に採用された。続いて、ティータお母さんは、伝統的な天然藍染の保存の功績を讃えられ、名誉博士号の授与やArtist of the Northeastを受賞した。そして、このような評価は、地域の中で伝統的な天然藍染の再評価につながっていった。プラファイパンの声掛けに、村の人々も徐々に応じるようになり、村の藍染グループのメンバーは増えていった。設立当初15人ほどいたメンバーは、今では100人まで増えた。そして、それぞれのメンバーは、月に1万バーツ（約4万円）ほど稼げるようになった。2002年にサコンナコーン県の知事は藍染を県の特産品にすることを決定し、それ以降県内では多くのコミュニティが藍染を生産するようになった。現在では、50以上のグループが藍染づくりを行ない、年間4000万バーツ（約1億5700万円）の経済効果を生んでいる。また、県知事は、サコンナコーンの自治体職員に、毎週金曜日に藍染の服を着ることを奨励している。

プラファイパンの取り組みは、長い間失われていた伝統的な天然藍染をバンナディ村に復活させただけではなく、村の人々が家族から離れ、都会に出稼ぎ

メーティータのデザイン① 藍染、コクタンやマンゴーで染めたシャツ © Mae Teeta

に行かなくても、村で自立した暮らしができるように、安定した収入を得られるようにした。そして、人々に、村に既にある資源を生かせば、都会では実現できない足るを知る暮らしや自然と共生した暮らし、豊かな暮らしが実現できることを証明することによって、都会に対する劣等感を崩し、自分たちの伝統文化や暮らし方に自信や誇りを持てるようにした。このように、プラファイパンは、村の発展に役に立ちたいという願望を天然藍染を復活させることによって成就させたのである。

現在では、ファッションデザイナーのスカジットが、村でつくられた天然藍染の生地を使って現代的な衣類をつくり、藍染に対する認識にイノベーションを起こしている。スカジットは、バングラデシュ・ファッションウィーク、日本のタイフェスティバル、クラフツ・バンコク等、国内外でコレクションを発表して

メーティータのデザイン②　藍染パーカー　© Mae Teeta

おり、藍染は高齢者や農民等の労働者が着る衣服だというイメージを変え、若者や都市部、タイ国外に住んでいる人々にも受け入れられるようになった。メーティータは、藍染にイノベーションを起こしている。

メーティータのデザイン③　マンゴーの樹皮や葉、藍を使って染めたワンピース　© Mae Teeta

■モノづくりを通して目指していること

プラファイパンによれば、自分が生まれた土地に既にある地域資源を生かせ

メーティータのデザイン④　藍染ジャケット　© Mae Teeta

ば、自分だけではなく、村全体に恩恵をもたらすことは、どこでも可能であるという。そのために重要なのは、自立しながらもお互いを支え合う、助け合う精神であるという。自分のことばかり考え、お金儲けに走り、利益を独占していては敵だらけになってしまう。足るを知る暮らしや自然と共生した暮らし、豊かな暮らしの実現には、自分も一部である地域全体を考え、お互いを思いやる・相互扶助の精神が重要である。プラファイパンは、タイ総理大臣輸出賞受賞を契機に、アメリカやイタリアの織物工場を訪問する機会にも恵まれた。その時見たのは、たくさんの高価で大きな織機をたった1人の労働者が操作して、織物を黙々と大量生産している風景であった。もちろん、プラファイパンには、そんな高価で大きな機械を導入する気はない。また、大量につくり、売ることだけを目的にしたモノづくりは、メーティータが進むべき道ではないと強く感じた。そして、手づくりは、工場での機械による大量生産に勝ることを確信した[36]。地域に

36　Karnjana Karnjanatawe. Spinning Traditional Yarn. *Bangkok Post*. 2017 April 6. https://onl.tw/

ある再生可能な自然資源と人々が持つフィームー（手技）を生かした「足るを知る」モノづくりは、タイの強みとしてもっと世界に発信して良い。プラファイパンが実現したい社会とは、地域の人々が、既にある地域資源を生かしたモノづくりを、自分たちのフィームー（手技）で行なっている社会である。単にモノを製造すれば良いのではない。足るを知る暮らしや自然と共生した暮らしから生まれるモノづくりが重要なのである。

■促進しているSDGs

メーティータは、

（1）天然藍染の復活を通じてバンナディ村の発展に貢献している。村の人々を天然藍染づくりに巻き込み、染織工グループを増やすことによって、村に現金収入を生んでおり、目標1「貧困をなくそう」を促進している。

（2）伝統的な藍染の方法を独占するのではなく、村の人々にオープンにすることにより、村に小さな藍染の産業を生んでいる。そして、藍染は、村の自立を促進し、村の人々に誇りを生んでいる。また、つくり方も村の人々のライフスタイルにあったやり方で、働きがいも生んでおり、目標8「働きがいも経済成長も」を後押ししている。

（3）綿や藍液づくりに使うココナッツやバナナ、染めに使う藍やマンゴー、コクタンは、化学肥料を全く使用せず、村の各家庭で育てられている。また、藍染の生地は、スカジットによって、ファッション製品になる。メーティータがつくる藍染の衣類は、大変丈夫で長年の使用に耐えることができる。筆者も長年愛用しているが、色褪せることなく、また擦り切れることもない。また、100％自然素材でできていて、自然環境にも優しいため、目標12「つくる責任つかう責任」の達成を推進している。

（4）天然藍染を独占せず、村の人々と一緒に取り組んでおり、目標17「パートナーシップで達成しよう」を推進しながら、様々なSDGsを促進することにつながっている。

プラファイパンは、村全体を巻き込み、藍染をつくっている。染めに使用する藍も、いったん地域から失われたが、復活させ、現在は村の中で育てている。

L69zFkt（最終閲覧日：2022年9月7日）

インタビューを通して感じたのは、プラファイパンは「自分さえ良ければいい」という自己中心的な考えではなく、村の発展に役立ちたいという使命感を持ち、藍染づくりを行なっていることである。また、村の発展といっても、足るを知る暮らしや自然と共生した暮らし、豊かな暮らしの実現を目指した内発的発展[37]であり、大都会のようになることを目指した発展ではない。メーティータは国の内外で評価され成功してきたが、生産量を増加させるために自分の工房や畑を拡大することはない。自分でモノづくりを独占的に囲い込まず、自分の母から受け継いだ土地や家族、村人が許容できる無理のない範囲で、そして、助け合いながら、モノをつくっている。結果的に、村全体が恩恵を受けることができる。「足るを知る」モノづくりによって、村全体のSDGsを促進することにつながっている。

37　地域固有の資源を生かして、地域住民の主導により内発的に進められる発展のこと。

キングモンクット工科大学トンブリー校 社会文化イノベーションラボ

■モノづくりで社会的弱者の自立と社会参加を促進する

社会文化イノベーションラボ（Social and Cultural Innovation Lab.）（以下はラボと略称）は、キングモンクット工科大学トンブリー校[38]建築・デザイン学部[39]に設置されたラボである。建築・デザイン学部は、建築科、コミュニケーションデザイン科、室内建築科、統合デザイン科、デザインイノベーション科、ランドスケープデザイン科の6学科で構成され、大学院研究科は7つの専攻領域[40]が設置されており、タイを代表する国立のデザイン教育研究機関である。本学部は、バンコク都バーンクンティアン区にある。以下では、キングモンクット工科大学トンブリー校[41]を「KMUTT」、そして建築・デザイン学部を「SoAD = School of Architecture and Design」と表記する。ラボが設立された経緯は、SoADが2017年に、「研究」「教育」「社会的・文化的な課題の解決」をそれぞれ別次元で行なうのではなく、1つに統合し、社会との連携を通じ実践的な教育研究を行なう方針を決めたことに端を発する。これを受けて、社会連携を通じ教育研究を展開する組織として、SoAD内に11のラボが設置された[42]。ラボは、デザインイノベーション学科内に

38　タイの研究拠点大学の1つである。メインキャンパスは、バンコクのトゥンクル区にある。建築・デザイン学部はバーンクンティアン区にある。その他、ラーチャブリー県にラーチャブリーキャンパスがある。英語表記では「King Mongkut' s University of Technology Thonburi」。英語略称はKMUTT。

39　英語名は「School of Architecture and Design」。1994年に開設された。英語略称はSoAD。

40　修士と博士課程は、バーンクンティアンキャンパスではなく、クローンサーン区にあるKMUTT Knowledge Exchange for Innovation Centerで行なわれている。

41　大学本部はバンコク都トゥンクル区にある。大学の通称名はバンモッド。

42　（1）ABLE Lab,（2）Social and Cultural Innovation Lab,（3）Fabrication Lab,（4）Urban Sense Lab,（5）Future Living Lab,（6）Lighting Research & Innovation Center Lab,（7）Humanitarian Design Lab,（8）Spatial Environment and Experimental Design Lab,（9）Human-Centered Design Lab,（10）Human-Centered Design Lab,（11）Visionary Design Lab.

設置され、ナンタナ・ブーンラオー助教（Asst. Prof. Nanthana Boonla-or）を中心に組織された。タイの様々な社会的・文化的な課題にデザインで取り組でいる。研究対象は、伝統工芸やコミュニティ教育、福利厚生、文化創造経済にまでおよび、サステナブルな社会の実現のために、地域コミュニティを変革し、恵まれない人々や疎外された人々の自立支援や社会包摂を目的に、様々なプロジェクトを実施している。

ナンタナ助教は、タイ社会のサステナブルな発展には、デザインの力による社会と文化のイノベーションが重要だと考えている。急速に発展する社会の中で、社会的弱者を発展から取り残すのではなく、障がい者や伝統的な知恵を保持している少数民族の人々のフィームー（手技（てわざ））や文化を生かしたモノ・コトの提案を通して、社会参加や自立を促すことができる次世代のデザイナーの育成が求められているのである。基本的にプロジェクトは、政府機関や大学、NPO、企業等、産学官民が連携して実施され、ラボでは、実際のプロジェクトを通して、タイの様々な社会的・文化的な課題に取り組んでいる。

特にラボで大切にしているのは「現場での学び」である。多くのプロジェクトでは、実際に地域コミュニティを訪問し、滞在を通じて教員や学生自身がコミュニティの人々と関係を築き、現場の人々から学ぶことから始まる。ラボにおけるデザインの目的は、コミュニティでモノづくりを興すことによって、コミュニティが抱える課題を解決し、生活の質を向上し、コミュニティに好ましい社会的・文化的な変化を生み出すことである。したがって、ラボが育成しようとしているデザイナーは、社会課題の解決を目指し、社会に変化をもたらすモノやコトを生み出すことができる、チェンジメーカーなのである。

ラボが取り組んでいるいくつかのプロジェクトの内、タイ東北部のサコンナコーン県で実施している「ヘットディー・クラフト（Heddi Craft）」について具体的に見ていく。

■ヘッディー・クラフト

ヘッディー・クラフトは、視覚障がいや肢体不自由、知的障がい、聴覚障がい等、身体や精神障がいを持った人々が立ち上げた、手工芸製品のブランドである。このブランドは、ナンタナ助教を始め、ラボに所属し、プロダクトデザインを専門とするウォラヌッチ・チューンルディーモン助教（Asst. Prof. Woranooch Chuenrudeemol）とユニバーサルデザインを専門とするインタラパサーン・ブッサケート助教（Asst. Prof. Dr. Intarapasan Budsakayt）が中心となり、タイ東北部のサコンナコーン県にあるタオ・ンゴイ郡やその周辺地域に住んでいる障がい者とラボの学生たちが協働して、開発された。トレーニングコースに参加した障がい者と学生とが協働して生まれたブランドである。ヘッディー・クラフトの「ヘッディー」は、タイ東北地方（イサーン）の方言、あるいはラオス語で「良いことをする」という意味である。「ヘッ」には「手工芸」という意味もある。また「ヘッディー」という音が英語の障がい者を意味するハンディキャップの「ハンディ」に近いことから、「障がい者が手工芸で何か良いことをする」という意味を込めて、ヘッディー・クラフトという名前が付けられた。

トレーニングコースの参加者は、基本的な製品デザインやコミュニケーションデザイン、オンラインマーケティング、色彩、商品撮影の基本等、様々なことについて学ぶ。製品開発では、学生と障がいを持った人々が、共に時間を過ごしながら、参加者1人1人の障がいや能力に応じたデザイン提案が行なわれた。しかし、全てが上手くいったわけではない。一部の提案は、障がいを持った参加者にとって製作することが難しく、実現できなかった提案もある。紆余曲折を経ながら、学生たちと参加者が協働で考えたデザインは、チークの葉や藍、マンゴー、サンボン[43]、ヒマワリヒヨドリ[44]の葉、モモタマナ[45]、スオウ[46]、カエンボクの花やコクタンの実といった花々や果実等、タオ・ンゴイの村で簡単に手に入る自然素材を使って、クレヨンをつくったり、綿生地のシャツやバックを草木染で染めたり、染めた綿紐を編んでお守りやマスク、箒の取手カバーをつくったりしている。

草木を染料に使った草木染めや絞り染めは、サコンナコーン県ならではのものである。全ての製品は、障がいを持った人々が1点ずつ手づくりしており、つ

43 中国南部から東南アジアにかけて分布するキク科の植物。

44 熱帯アメリカ原産のキク科の植物。繁殖力が非常に強く、他の植物を駆逐してしまう。農作物にも被害を与えている。海外では繁殖力の強世界の侵略的外来種ワースト100に選定されている植物。

45 シクンシ科に属する樹木。

46 マメ科ジャケツイバラ亜科の小高木。

タオ・ンゴイ村にある様々な果実や花々　© Social and Cultural Innovation Lab.

くり手が、自由に様々な模様や色を生み出せる。ヘッディー・クラフトは、タオ・ンゴイの自然素材を生かしたモノづくりをきっかけに、障がい者が社会参加し、自立して暮らせることを目指した新しい経済活動を生み出そうとしている。

自分たちがつくった製品に対するマーケットの反応を確かめるために、タオ・ンゴイ郡の地元市場や県中心地のムアンサコンナコーン郡で開催されたイベント「イサーン・クリエイティブ・フェスティバル」や「オーガニックマーケット」に出展し、販売テストを行なった。設営準備や運営、販売、片付けも全て、障がい者と学生たちが協同で行なった。顧客からの反応は大変良く、たくさん売

タオ・ンゴイ村にあるヒマワリヒヨドリ　筆者撮影

ヘッディー・クラフトの製品①　草木を使った絞り染めのTシャツ　筆者撮影

ヘッディー・クラフトの製品②　スオウを使った絞り染めのトートバック　筆者撮影

れた。このような実体験は、障がいを持った人々と学生たちに自信を持たせることにつながった。ウォラヌッチ助教によると、障がい者の中には、自分たちの使ったモノが売れるということに関して、最初は自信が持てなかった人たちも少なくはなかったという。売ることができるレベルに到達するには、障がいを持った人々の様々な努力や失敗があった。プロジェクトリーダーのサムラーンによると、講師の先生から励まされ、参加者同士で助け合うことによって、新たな友人ができ、社会とのつながりを感じ、独りでないことを実感することができ、困難も乗り越えることができたという。また、自分たちがつくったモノを顧客が買ってくれたり、顧客からプロジェクトに対する共感の声を直接聞いたりすることも、

ヘッディー・クラフトの製品③　お守り　筆者撮影

ヘッディー・クラフトの製品④　村の自然素材でできたクレヨン　筆者撮影

大きな自信や仕事のやりがいにつながった。現在は、このモノづくりをベースにした社会的企業の設立を目指して、トレーニングが行なわれている。具体的には、ヘッディー・クラフトの取り組みを、自分たちで運営し、持続可能にするために、社会的企業の設立を目指したビジネスマネジメントや電子商取引プラットフォームを使った、オンラインマーケティングについて、指導が行なわれている（2022年10月現在）。

■始まったきっかけ

タイでは、2008年に「障がい者の教育に関する法律（Persons with Disabilities Education Act 2008, B.E. 2551）」が成立した。この法律によって、障がい者が出生、もしくは障がい者と診断された時から、無料で生涯学習を受けることができるようになった。この法律の制定を受けて、KMUTTでは、リスキリング[47]やスキルアップを目的として、バンコクで全国の障がい者を対象とした職業訓練を長く行なってきた。しかし、地方に住む障がい者にとって、毎回バンコクまで来て、トレーニングプログラムに参加するのは、体力的にも、経済的にも負担が大きい。KMUTTは、サコンナコーン県に地域連携拠点があることもあり、大学の社会連携の一環として、県内の障がいを持った人々を対象に、職業訓練を行なうことになったのである。これが、ヘッディー・クラフトの始まりである。そして、サコンナコーン県は、藍染や織物等、手工芸が盛んな地域であることから、地域の伝統工芸を生かした職業訓練を行なうために、KMUTTはラボと連携してヘッディー・クラフトを立ち上げたのである。具体的にラボは、トレーニングプログラムのカリキュラム設計と実際のモノづくり指導を行なうことになった。必要に応じて、マーケティングや手工芸、アーティスト、社会的企業等の専門家を呼んで、講義やワークショップを行なっている。ちなみに、講師の選定には、Thailand Creative & Design Center（TCDC）[48]やサコンナコーン県の商工会議所から協力を仰いでいる。トレーニングコースは、タオ・ンゴイ郡内にあるコミュニティ事業ラーニングセンター（Community Enterprise Learning Center）で行なわれている。

47　新しいことを学び、新しいスキルを身につけ、新しい業務や職業に就くこと。
48　国立のデザインセンター。タイ各地に事務所がある。

1年目は、インタラパサーン助教の呼びかけに応じた、19人の障がい者が参加した。そして、手工芸やデザイン等、モノづくりに関する基礎的な講義やそれぞれの障がい者の状態に合わせた製品開発、販売テストが行なわれた。2年目は、4人の参加者が交通事故や病気で亡くなるという悲劇が起こり、また、個人的な都合で参加を見合わせた人たちが出たため、12人となった。プロジェクトの予算については、外部資金を獲得している。タイでは、従業員100人以上を有する企業は、従業員100人につき障がい者を1人雇用する義務が発生し、義務を果たせない場合は、法律で定められている基金に対して拠出金を支払う「障がい者エンパワーメント法（Persons with Disabilities Empowerment Act 2007, B.E.2550）」が2007年に成立している。KMUTTは、法律で定められた基金の対象機関となっており、プロジェクトの財源は拠出金によって賄われている。1年目は、タイ王国発電公社（Electricity Generating Authority of Thailand）から資金提供を受け、2年目は、タイ最大の総合建設会社、イタリアン・タイ・デベロップメント（Italian-Thai Development Public Company Limited.）から資金提供を受けて実施されている。

■取り組んでいる課題

タイ国立ろう者協会が2018年に発表したデータによると、タイの障がい者の数は204万人で、総人口の約3.08％となっている。約117万人（57％）の障がい者は、小学校までしか出ていない。就業年齢（18〜60歳）に達している88万人の障がい者の就労状況を見ると、約22万人（24.7％）の人々は雇用されている。雇用の内訳を見ると、約26％の人々が農業に従事し、約25％の人々が一般企業に勤めており、約5％の人々が自営業を営んでいる。しかし、約38％の人々は定職を持たない状態である。また、約16万人（17.8％）の人々は無職の状態にある。約6万人（6.8％）の人々は重度の障がいを持つため、働くことができない。約45万人（50.7％）の人々の就労状況は分かっていない[49]。2007年に成立した「障がい者エンパワーメント法」は、障がい者の社会参加を促進する法律として大きく貢献したが、現実は厳しい。例えば、障がい者エンパワーメント法によって、障がい者雇用は企業の「義務」になったが、100人以上の企業を対象としており、そんなに大きな企業はタオ・

49　National Association of the Deaf in Thailand. *Report on Disability Situation in Thailand 2561*. https://onl.tw/WvSUJES（最終閲覧日：2022年10月4日）

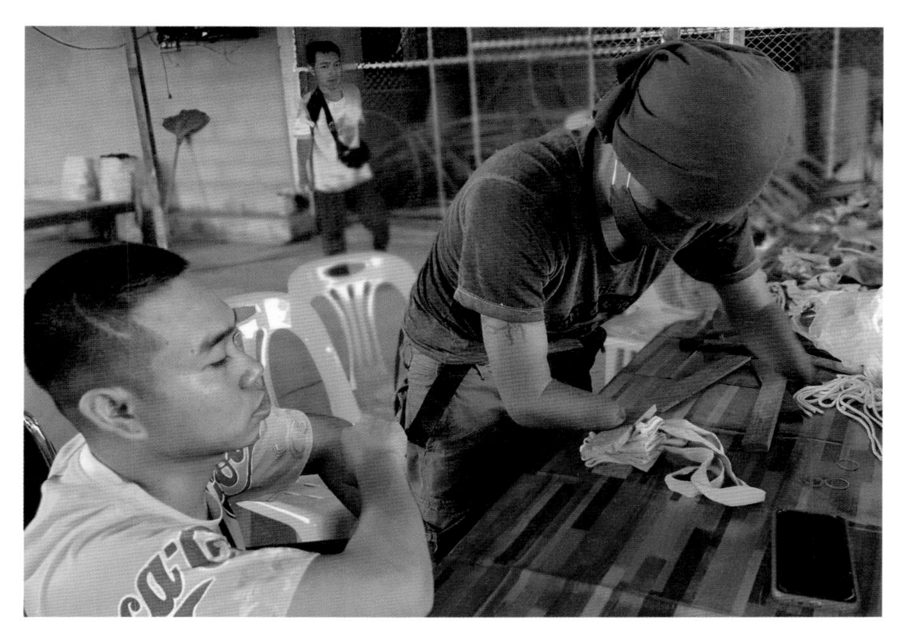

トレーニング風景　© Social and Cultural Innovation Lab.

ンゴイにはない。また、サコンナコーン県の生活環境は、ユニバーサルデザインやバリアフリーには程遠い状況である。公共交通機関もないため、障がいを持った人々が県内の中心地に毎日自力で働きに行くことは難しい。

インタラパサーン助教によると、障がいを持った参加者の多くは、家族と暮らしている場合が多く、主に農業を生業にしているという。そのため、日中、家族が仕事に出かけている間、家にいることが多い。たとえ家族の手伝いができても、農家は自家用に生産し、残った農産物を売るため、何とか食べることはできるが、現金収入が少ないため、暮らしは楽ではない。また、社会保障制度が脆弱なタイでは、介護への公的給付がないため、障がいを持っている家族がいると、介護のため働きに出ることができず、貧困のスパイラルに陥る家族もいる。

さらに、仏教国のタイでは、障がいを持っているのは、前世での行ないが悪く、カルマ（業）だと信じられ、差別する人々も多く、家族の中に障がい者がいることを隠し、社会参加させないでひっそりと暮らしている人々も多い。ヘッディー・クラフトでは、障がい者が置かれている、このような状況を打破するために、モノづくりを通して、障がい者やその家族が抱えている貧困問題や社会的差別、社会的排除等、様々な課題を乗り越えようとしているのである。

障がい者やその家族が直面する社会的排除や差別の問題は、障がい者側の問題ではなく、人々の意識や社会構造の問題である。問題の原因が、人々の意識や社会の構造に問題があるならば、それらを変えればきっと解決できるはずである。それでは、どうやって変えるのか？ ヘッディー・クラフトは、障がいを持った人たちの手によるモノづくりを通して、自らが積極的に社会に参加し、存在を認知してもらうことによって、人々の偏見や差別意識を変えることが可能だと考えている。タイは、各地に豊富な自然資源がある。また、障がいを持った人々は、都市部より地方に多い。このような状況を踏まえると、小さな取り組みではあるが、他の地域でも同様の取り組みが増えるきっかけとなることによって、きっと大きな変化が生まれると信じている。

■モノづくりを通して目指していること

ヘッディー・クラフトは、障がいを持った人々の社会参加や自立を促進するために、自分たちの能力を生かしてモノをつくり、自分たちの手でつくったモノを自分たちで販売することを目指している。そして、障がいを持った人々が自立し、収入を増やすだけではなく、働きがいや誇りを感じ、尊厳を持って生きていくことができる社会の実現を目指している。サムラーンによると、ヘッディー・クラフトに参加したことによって、現金収入が増えただけではなく、自分が持っている潜在能力に気付き、それを生かし、モノづくりにチャレンジすることにより、自分自身に対する誇りや生きがいが生まれているという。また、参加者の中には、ヘッディー・クラフトに参加することによって、母親が仕事に出られるようになり、家族の収入が増えた事例もある。さらに、参加者のコミュニケーション能力や体力の向上が見られる。タイは、何よりも、自立して生きることを尊ぶ国である。それは、障がいを持った人々でも同じである。タイでは、他者に縛られない自由な生き方が好まれることもあり、大変だけど自分たちの力で生きていこうとする意志が強い。ヘッディー・クラフトは、モノづくりを梃子に、障がい者の潜在能力を引き出し、高め、生かす機会を提供し、自立と社会参加を促進している。

移動手段を持たなかったり、移動そのものが難しかったりする参加者が、毎日、県の中心地の市場で商品を売るのは、現実的ではない。確かに、対面で販売する強みはある。ヘッディー・クラフトのモノづくりが持つ物語を直接、消費者に伝えたり、実演販売したりすることが可能だからだ。しかし、毎日通勤するとなると話が違う。インタラパサーン助教によると、電子商取引プラットフォームを使い、オンラインで製品を販売していくことが、現実的な選択肢であるという[50]。また、障がい者たちの力だけで、魅力あるモノを生み出し、オンラインで販売し、社会的企業を運営できるようになるためには、様々な課題を乗り越えていく必要がある。参加者の中には、そもそも読み書きができない人々もいる。そのため、情報や知識の伝達に、絵を描く等、視覚的な表現を用いて伝える必要がある。また、一部の障がい者は、ITリテラシーが低いため、テキスト入力から教えなければならない。そして、ヘッディー・クラフトを自分たちで運営していくという最終目標を達成するために何よりも重要なことは、現在の製品を「障がい者でもつくれる製品」から「自分たちにしかつくれない製品」にモノづくりの質や価値を高めることである。そのためには、参加者のモノづくりの技術だけでなく、創造力を育成するための支援が最重要課題になっている。

ヘッディー・クラフトは、障がい者がつくる製品に対する「かわいそうだから買ってあげなくちゃ」といった同情や「品質は良くないけど、応援しなければ」といった義務感、「大変だから、良いことをしてあげよう」といったタンブン（喜捨）の感覚に訴えて、顧客に買ってもらうのではなく、製品や品質が良いから買ってもらうという「当たり前」を目指している。そのため、ヘッディー・クラフトで大切にしていることは、障がい者が自分たちの創造力を高め、自分たちにしかできないモノづくりを実践することである。もちろん、障がい者も自分たちの技能改善に取り組まなければならない。現在までの取り組みを見ると、協働で製品開発を行なったとはいえ、ラボの学生がデザイン提案を担当し、障がいを持った人々がつくるという、役割分担の中でモノづくりが行なわれてきた。例

50　タイのEC市場は、世界6位（5兆円規模）となっており、前年比伸び率は、中国約45%、アメリカ約6%、日本約13%に比べると、タイは99.61%となっており、圧倒的に伸びている。特にファッション製品がオンライン購入品目の中で一番多くなっている。

えば、絞り染めの模様や綿紐の模様は自分たちのアイデアでつくることができるが、どんな新しい製品をつくれば良いかアイデアをゼロから出すのはアイデア開発のトレーニングを受けていないと難しい。そして、将来、ラボの手を離れ、独り立ちしていくには、自分たちの手で新しい価値を生み出す創造力の育成が課題となる。そのため、ラボでは、様々なワークショップを通じ、障がい者らの創造性開発に力を入れている。

■促進しているSDGs

ヘッディー・クラフトは、

(1) 現金収入が少ない農村地域で、障がいを持った人々を対象に、モノづくりやマーケティング等の職業訓練を行なっており、目標1「貧困をなくそう」の達成を後押ししている。

(2) 現金収入だけではなく、社会参加の機会を生み、自立を促進している。参加者にやりがいや働きがい、生きがいを生んでおり、目標8「働きがいも経済成長も」を推進している。

(3) 草木染めや絞り染め等、サコンナコーン県の伝統工芸と障がいを持った人々の強みを生かしたモノづくりは、農村で小さな経済活動を産んでいる。また、学生のデザイン提案によって新しい商品が生まれており、目標9「産業と技術革新の基盤を作ろう」を促進している。

(4) ヘッディー・クラフトは、モノづくりを通して、障がいを持った人々の社会参加を促し、障がい者やその家族が抱えている貧困問題や社会的差別、社会排除を改善しているため、目標10「人や国の不平等をなくそう」の達成を後押ししている。

(5) 自分たちが住んでいる村の再生可能な自然資源を活用したモノづくりは、つくり手や環境にも優しく、目標12「つくる責任つかう責任」の達成に貢献している。

(6) 社会文化イノベーションラボやサコンナコーン県の商工会議所、TCDC等がパートナーシップを形成しており、目標17「パートナーシップで達成しよう」しながらプロジェクトを推進している。

ヘッディー・クラフトは、サコンナコーン県の伝統工芸をベースに、村の再生可能な自然資源を生かしたモノづくりによって、障がいを持った人々の自立と社会参加を促進するインクルーシブな取り組みである。モノづくりに使用する素材もタオ・ンゴイの村で手に入る自然素材を生かしている。正直製品の質はまだまだ低いが､魅力ある製品も生まれてきている｡「障がい者だから買ってもらう」といった、タンブン消費に訴えるのではなく「気付いたら障がい者の人々がつくっていた」というレベルまで高めなければならない。そのためには、村に生まれた小さな経済活動の灯火を大切に育みながら、障がい者の主体性や創造力を向上させることが何よりも大切になるだろう。

メーファールアン財団

■モノ・コトづくりで山岳少数民族のサステナブルな発展を支える

メーファールアン財団は、ラーマ9世（プーミポン・アドゥンヤデート前国王）の母、シーナカリンタラー＝ボーロマラーチャチョンナニー王太后（以下シーナカリン王太后）[51]が、1985年に設立した財団である。タイ北部にあるチェンライ県に住む山岳少数民族の人々に心を寄せていたシーナカリン王太后は、1960年代（彼女が60歳頃）から、タイの山岳地帯に住む人々をタイ社会に包摂し、彼らの暮らしを改善する取り組みを始めた。1972年には、山岳少数民族の人々がつくった伝統工芸品の販売支援や若者の教育支援等を目的にした、タイ山岳民族工芸財団（Thai Hill Craft Foundation）を設立した。具体的には、タイ山岳民族工芸財団は、山岳少数民族の伝統工芸品を適正価格で購入し、財団が運営する店舗で販売するという、今でいう「フェアトレード」による支援活動を先駆けて行なっていた。また、チェンライ市内で山岳少数民族の若者に宿舎を提供し、市内の学校で教育を受けられるようにした[52]。さらに、これに並行して彼らにトレーニングを施し、僻地の村に戻った時に村の発展や生活改善に資するための知識や職業技術も教えた。

その後、シーナカリン王太后の支援は、モノづくり支援や人づくり支援（教育支援）だけに留まらず、地域全体の環境保全と社会経済の発展という、包括的な支援へと発展していった。そして、1985年に財団の名称を現在のメーファールアン財団に変えた。この名称は、シーナカリン王太后がヘリコプターでしか行けない北部の僻地をよく訪れていたことから、人々はシーナカリン王太后に愛情を込めてメーファールアン（空から降りてくる母）という呼称で呼び始めたことに

51　ラーマ8世およびラーマ9世の母（1900年10月21日 - 1995年7月18日）

52　山岳少数民族の若者の教育拠点となった宿舎は、現在メーファールアン芸術文化公園（Mae Fah Luang Art and Cultural Park）になっている。

由来する[53]。シーナカリン王太后は、山岳少数民族の人々が寄付に頼らず、自立して暮らせるように「自分たちのことは自分たちでできるようになる」ことに重点を置いていた。1995年にシーナカリン王太后が逝去された後は、ラーマ9世の次女、シリントーン王女が名誉会長に就任し、現在に至っている。メーファールアン財団では、Living Universityプロジェクト[54]やFaidee Kid's Campプロジェクト[55]、植林活動[56]等、様々なエコソーシャルな活動を行なっているが、その中でも、メーファールアン財団の主要な取り組みとして、モノづくりを通して、山岳少数民族のサステナブルな発展を支えるドーイトゥン開発プロジェクトを見ていく。

■ドーイトゥン開発プロジェクト

ドーイトゥン開発プロジェクト（以下ドーイトゥン）[57]は、1988年からタイ北部にあるチェンライ県メーファールワン郡およびメーサイ郡で行なわれている地域開発プロジェクトである。ドーイトゥンは、シーナカリン王太后が87歳の時に始めた王室プロジェクト[58]であるが、長い年月をかけて、この地域で彼女が続けてきた支援活動の延長線上にある取り組みである。この地域は、ミャンマーとラオスと国境を接し「ゴールデントライアングル」と呼ばれ、世界最大の麻薬生産地だった場所である。そして、ドーイトゥンが始まる以前、この地域に住む山岳少数民族の人々は、現金収入を得るためにアヘンの原料となるケシ栽培や麻

---

53 Mae Fah Luang Foundation. *Origin*. https://onl.tw/1bDQjvW（最終閲覧日：2022年9月16日）

54 Living Universityプロジェクトは、ドーイトゥンの村人から直接の話を聞いたり、プロジェクト現場を視察したりするだけではなく、現場に出て体験を通して学んでいく。International Internshipプログラムも実施しており、政府機関や企業、大学、国際機関、学生等、様々な人々を受け入れている。

55 9歳から18歳までの子どもを対象に、自然環境の大切さを、様々な活動を通して学んでいくキャンプ。実際の活動は、豊かな自然を利用し、エコロジーを学び、自然の不思議を学ぶ。

56 単に植林をするのではなく、商品作物を植える。そして、森林に対する所有感や責任感を育むことにつながるため、その土地の村人を巻き込みながら行なっている。

57 Doi Tungホームページ：https://www.doitung.com/en/

58 タイの王族のメンバーが自分たちの私財を投じ、農業や工芸品等の開発を支援し、国民の生活向上を進める活動。ドーイトゥンを始め、ロイヤルプロジェクト（ラーマ9世）、ドーイカムプロジェクト（シーナカリン王太后）、プーファー（シリントーン王女）等、様々な支援プロジェクトが実施されている。

禿山が広がったドーイトゥン ©Mae Fah Luang Foundation

薬密売、人身売買、武器密輸、焼畑農業に従事しており、人も森林も荒廃している状況であった。

しかし、ドーイトゥンのエコソーシャルなモノ・コトづくりの取り組みによって、再植林を行ない、マカダミアナッツ、コーヒー栽培、陶芸、織物、紙漉きの工房を設立して、雇用を生み出し、ケシ栽培や麻薬密売、人身売買に依存していた山岳少数民族の村々を、尊厳と誇りある村に変えた。この地域に住む山岳少数民族の人々の収入源を、ケシ栽培や麻薬密売、武器の密輸、人身売買から誠実で安定したものに変え、焼畑農業から森林農業に転換することにより、禿山を緑あふれる山に生まれ変わらせた。そして、ドーイトゥンは、この地域に住む山岳少数民族の人々が自立して暮らせることを目指し、シーナカリン王太后もドーイトゥンでの活動に専念するために自分の家(ドーイトゥン宮殿)を建て、自らも移り住んだのである。王室の本気度を見た山岳少数民族の人々は、次第に自分たちの考え方や態度を改めていくことになった。このように、ドーイトゥンは、一方的な開発の押しつけではなく、山岳少数民族の人々を包摂し、王室と共に歩んできた開発プロジェクトといえる。

現在、29の村に住む約2400人のアカ族、ラフ族、シャン族、タイ・ルー族、ラワ族等の山岳少数民族の人々が雇用され、地域の自然資源や山岳少数民族に伝統的に受け継がれてきた織物や刺繡、縫製技術や知識を生かして、現代のライフスタイルにあった様々なモノ・コトづくりが行なわれている。ドーイトゥンでは、コーヒーやマカダミアナッツの栽培およびマカダミアナッツを加工した食品(クッキーやバター等)づくり、手工芸品生産(ファッション製品やインテリア製品、桑紙、陶器等)、カフェドーイトゥンの運営、エコツーリズム、園芸等、5つの活動を展開しており、山岳少数民族の人々が従事している。彼らは、コーヒーやマカダミアナッツの栽培農家や食品加工施設の労働者、手工芸職人、園芸農家、観光施設の職員、店舗の販売員やマネージャー等として働いている。

コーヒーに関しては、「コーヒーハンター」の異名を持つ川島良彰[59]氏の協力をきっかけに品質は著しく向上した。川島は、ドーイトゥンで苗木づくりから畑の管理まで細かな技術指導を行なった。現在では、ドーイトゥンのコーヒーはJALのバンコク－日本便に採用されており、東南アジア有数のコーヒー豆といわれるようになっている。筆者もドーイトゥンのコーヒーは昔からよく飲んでいるが、近年品質が向上し、とても美味しくなったと感じている。手工芸品生産は、山岳少数民族の女性グループの収入向上を目的に始まった。ドーイトゥンの主要マーケットである都市部の人々に受け入れられように、ドーイトゥンのデザイナーと協働し、伝統技術と伝統知識をベースに、手仕事で染めや織り、刺繡、縫製をドーイトゥンの工房で行なっている。モノづくりも、大量生産を可能にする機械を使用せず、フィームー(手技)を主体に行なわれている。製品に使用する綿や竹、桑等は、かつて禿山だった場所に植えられ地域の中で育成されている。また、地域固有種の桑を使って、桑紙づくりをドーイトゥンの紙漉き工房で行なっている。桑の木は、森林再生の際に同時に植えられた。桑紙づくりは、樹皮を使用するため、木を伐採する必要がなく、森林の保全に適している。ドーイトゥンでは、漉いた桑紙を使って、ノートやポストカード、封筒、扇子、包装用紙を手づくりしている。そして、ドーイトゥンのデザイナーと協働し、手づく

59 ミカフェートを経営する川島良彰社長は世界中の3000ヵ所以上ものコーヒー農園を熟知し、各地での現地指導等の活動が認められ、「世界が尊敬する日本人100」に選ばれている。2014年にメーファールアン財団の要請により、コーヒーアドバイザーに就任した。

コーヒー豆の収穫の様子（アカ族）©Mae Fah Luang Foundation

りの陶器生産も行なわれている。

2016年からは、タイの有名デザイナーとドーイトゥンの職人たちのコラボレーションプロジェクト「ドーイトゥン＆フレンズプロジェクト（Doi Tung & Friends Project）」が始まり、陶器や様々なファッション製品が、その高いデザイン性から、タイのデザインエクセレンス賞や日本のグッドデザイン賞を受賞している。食品や手工芸品といったドーイトゥン製品は、オンラインを始め、バンコク市内の大型百貨店やショッピングモール、スーパーマーケット、主要空港（ドンムアン空港やチェンマイ空港、スワンナプーム国際空港）等に出店している「ドーイトゥンライフスタイル」で販売されている。カフェドーイトゥンは、バンコク市内の企業や銀行、国連、大使館、百貨店、病院内等10ヵ所に店舗を出店している。

2019年、ドーイトゥンは10億バーツ（約39億円）を売り上げた[60]。そして、現在はドーイトゥン宮殿に加え、敷地内にメーファールアン植物園（Mae Fah Luang Garden）や宿泊設備（Doi Tung Lodge）、プロジェクト展示会場（The Hall of Inspiration）、チェンライ市内にはメーファールアン芸術文化公園（Mae Fah Luang

60　Mae Fah Luang Foundation. (2021). *Annual Report 2019*. Mae Fah Luang Foundation.

機織りの様子 ©Mae Fah Luang Foundation

ドーイトゥンの製品 ① コーヒー　筆者撮影

ドーイトゥンの製品 ② ファッション ©Mae Fah Luang Foundation

ドーイトゥンの製品 ③ 陶器　筆者撮影

Art and Cultural Park）も整備されており、毎年100万人もの観光客がドーイトゥンの見学に訪れる、チェンライ県を代表する観光地になっている[61]。メーファールアン植物園に植えられている色とりどりの植物は、山岳少数民族の人々が園芸のトレーニングを受けてつくった造園用植物で、1年中、旅行者の目を楽しませてくれる。園芸の活動では、希少植物種の繁殖や研究も行なっている。

このように、ドーイトゥンは「食品」「手工芸」「カフェ」「観光」「園芸」の5つのビジネス活動を興すことによって、山岳少数民族の人々の村々に地域雇用を生み、教育を支援し、自然環境の保全や衛生環境、生活環境を改善している。そして、地域における雇用創出や教育支援活動、自然環境の保全や改善の結果、ドーイトゥンのビジネスが推進されるという好循環を生んでいる。このように、モノ・コトづくりを起点に好循環を生み出すことによって、ドーイトゥンは地域の持続可能性を促進している。さらに、ドーイトゥンのエコソーシャルなモノ・コトづくりによる地域開発の取り組みは、ミャンマーやアフガニスタンやインドネシアにもモデルケースとして広がっている。

■始まったきっかけ

東南アジアでは、ケシは何世紀にもわたって栽培されおり、中国南部から持ち込まれたアヘンは、伝統医学や宗教儀式、通貨として利用され、モン族やカレン族等のコミュニティの文化に組み込まれていった。1940年代の中国内戦の影響を受け、タイやミャンマー、ラオスの山岳地帯に移住してきた少数民族の人々は、貧困から逃れるために、利用可能な唯一の換金作物としてケシ栽培を行なっていた[62]。また、この地域に暮らす山岳少数民族の人々は、元々焼畑移動耕作を行ない、国境を行き来しながら自給自足の暮らしを営んでいた。しかし、近代に入ると、山岳少数民族の人々は、換金作物を多くつくるために、土地を酷使して、連作障害を引き起こし、障害を補うために焼畑面積をさらに広げ、森林破壊を加速させていった[63]。タイ政府は1958年にケシ栽培とアヘン売買を禁

61　Chatrudee Theparat. Doi Tung improving Chiang Rai 's Tourism. *Bangkok Post*. February 14, 2017. https://onl.tw/yR5L1gX（最終閲覧日：2022年9月15日）

62　タイ王国大阪領事館「ケシからコーヒーへ：タイ王国が代替開発のモデルになった方法」http://www.thaiconsulate.jp/topics_detail4/id=1122（最終閲覧日：2022年9月18日）

63　高橋樹男「タイ山岳民族コーヒーとの出会い!」ほっこりと湯の山ブログ. 2017年11月8日.

植林するシーナカリン王太后 ©Mae Fah Luang Foundation

止した。さらに、政府は森林保護のため、焼畑を禁止し、低地への定住化政策を進めたが、低地への再定住に多くの地元の人々が反対した。また、山岳少数民族が市民権を取得するのは容易ではなく、無国籍の者も多かった。政府は1974年に山岳少数民族の人々に国籍を与えることを決定したが、政府による援助は十分でなかったため、公教育も受けられず、タイ語を話すこともできないため、タイ社会でまともな仕事に就くこともできない人々を生んだ。タイ語がわからないことを武装民兵に悪用され、騙されて売春に従事させられる者もいた。貧困に陥った人々は、現金収入のためにケシ栽培や麻薬密売、人身売買、焼畑等、破滅的な生き方を選択するしか生きる術がなかったのである。ケシ栽培を禁止する取り組みは失敗に終わり、政府はケシ栽培を減らすための代替方法を探さなければならなくなった[64]。そして、政府に変わって登場したのがタイ王室だった。

1987年にシーナカリン王太后が、ドーイトゥンを訪れた時、破壊し尽くされ

---

https://onl.tw/KDBq5Se(最終閲覧日：2022年9月18日)

64 チェンマイ県では、1970年にラーマ9世がタイ政府に代わって、開発センターを設置し、タイ北部の開発を支援するために慈善団体「ロイヤル・プロジェクト」を設立した。そして、山岳少数民族を対象として、ケシ栽培に代わる、代替作物（アラビカコーヒー、紅茶、キャベツ、装飾用の花卉等）の育成プログラムを実施した。

た状態の山々を見て「ドーイトゥンに森を再生する」と決心したという。ドーイトゥンはこの瞬間から始まった。「悪くなりたいと思う人間などいません。ただ、良いことをする機会がないだけなのです[65]」とシーナカリン王太后は述べている。問題の原因は、機会の欠如による貧困にあると認識しており、この地の山岳少数民族が「病気・貧困・無知」の悪循環から抜け出し、自立と尊厳を持って暮らせるようになることを目指し、ドーイトゥンに残りの人生を捧げる覚悟を持って、自ら立ち上がったのである。

■取り組んでいる課題

ドーイトゥンの発展は「生き残り（Survival）」「充足（Sufficiency）」「持続可能性（Sustainability）」の3つの段階に分けることができ、それぞれの段階に応じた課題に取り組んできた[66]。

「生き残り」の段階は、森林を再生し、村に医療や工場を提供し、山岳少数民族の人々が、貧困や病気、飢餓状態に陥らないようにする段階である。具体的には、アヘン栽培を止めさせ、破壊尽くされた森林を再植林するために、コーヒーやマカダミアナッツ等の商品作物の栽培を促進し、資源の源である自然資本そのものを増やし、自然を豊かにする活動に取り組んだ。コーヒーの木は日陰で育つため、森と共存できる作物である。森の再生には、1989年にメーファールアン財団の呼びかけに応じた、王室財産管理局や三井物産、サイアム商業銀行、アジア銀行、三井住友銀行が一切の見返りを求めず支援を行なった。このようにして、ケシ栽培からコーヒー栽培への転換を推し進めていった。そして、山岳少数民族の人々が、作物生産に力を注ぎ、心を込めて作物の世話をする動機付けのために、ドーイトゥンにコーヒーやマカダミアナッツの加工工場をつくり、その所有権を与えた。山岳少数民族の人々が作物の世話をして良い作物を収穫できれば、自分たちも恩恵を受けることができ、好循環を生むのである。

「充足」の段階では、伝統文化に適した暮らしを促進しながら、自然環境の回復や生活の質の向上、製品の付加価値の向上を目指していく。例えば、伝統

65　Doi Tung. *Background*. https://onl.tw/FFn5nM3（最終閲覧日：2022年9月16日）
66　Mae Fah Luang Foundation. *Doi Tung Development Project: Overview*. https://onl.tw/dSrjCRH（最終閲覧日：2022年9月18日）

工芸を生かした織物と裁縫のための職業訓練センター（現在の家内工業センター（Cottage Industry Center and Outlet））が1990年にドーイトゥンに設置された。海外から専門家を招き、山岳少数民族の伝統技術と知識を発展させるために、デザインや織の技術についての指導等、人間資本の形成（知識や技能の向上）を中心に取り組んだ。また、現在「ドーイトゥンライフスタイル」という名称で知られる最初の店がドーイトゥンに開店した。そして、1991年に約4万m^2の広さを持つメーファールアン植物園が開園し、従来のコーヒーやマカダミアナッツの加工や手工芸品等のモノづくりだけではなく、新たな生計手段として、観光等のコトづくり開発を行なった。1995年には、メーファールアン植物園にカフェドーイトゥン第1号店がオープンした。これにより、村々に、伝統文化に適した暮らしを促進し、環境保全しながら、安定した収入を生み出すことができるようになった。

「持続可能性」を追求する段階にある現在は、ドーイトゥンを発展させ、未来に継承させていくため、特に子どもと若者の教育に重点を置いた人材育成を行なっている。具体的には、プロジェクト型学習（課題解決型の学習法）や、職業訓練、また、山岳少数民族の子どもたちに、タイ語の読み書き教育を実施している。他にも、次世代のリーダーを育むために、外部の人々に対する研修やワークショップも行なっており（例えばLiving Universityの取り組み）、更なる人間資本の形成に取り組んでいる。また、モノ・コトづくりにおいても、廃棄物を排出しないサーキュラーエコノミーの考えを採用している。例えば、裁縫の過程で出る端切れは、燃料に使用したり、染色には藍や菊等、地域の自然素材を使ったり、カフェドーイトゥンでは、飲み物をプラスチックカップからドーイトゥンの陶器での提供に変え、年間12万5000個のプラスチック廃棄物を削減している。メーファールアン植物園やドーイトゥンロッジ、カフェドーイトゥンでは、太陽光発電やバイオ燃料、ヒートポンプで発電したり、廃水をリサイクルしたりしている。長年にわたるドーイトゥンの取り組みは、2003年に国連薬物犯罪事務所（UNODC）から麻薬撲滅に世界で最も成功した事例の1つと認定され、ドーイトゥンで生産される製品には認証が付けられている。

■モノづくりを通して目指していること

ドーイトゥンが目指している社会は、山岳少数民族の人々がタイ社会に包摂された社会である。そのためにドーイトゥンでは、山岳少数民族の人々が尊厳と誇りを持って生きていけるように、自らの手で高品質の製品とサービスを生み出し、世界でも認められるモノづくりができる職人になれるよう、人間資本形成を中心に支援している。また、現在は、山岳少数民族の人々が自立、安定、尊厳、幸福を備えた充足した暮らしを実現するために、平地に住む人々との社会的·経済的格差を縮めることを目指している。そのためには、ドーイトゥンは、山岳少数民族の人々が平等で質の高い教育や雇用にアクセスできるようにする機会づくりや支援を行なっている。また、ドーイトゥンの活動で生まれる自然環境への負荷を限りなく低減し、集団的利益を生み出すことができる人材を育成することにより、世界をよりサステナブルな場所にすることを目指して、取り組んでいる。

この包摂された社会は、ドーイトゥンが山岳少数民族に与えるものではない。むしろ、自分たちの手で実現するものである。それは、かつては蔑まれた山岳少数民族が、地域の自然資源や伝統的に受け継がれてきた技術や知識を生かしたモノ・コトづくりによって、タイ社会の中で自らが確立するものである。

■促進しているSDGs

ドーイトゥンは、

(1) 食品や手工芸、カフェ、観光、園芸の5つのビジネスを通じて、山岳少数民族の人々に雇用と現金収入を生み出しており、目標1「貧困をなくそう」の達成を推進している。

(2) 山岳少数民族の人々が、ドーイトゥンで働き、自立して暮らしていけるように、職業訓練を行なったり、子どもたちに様々な教育支援を行なったりしている。また、次世代のリーダーを育むために、山岳少数民族の若者や外部の人々を対象とした研修やワークショップを行なっており、目標4「質の高い教育をみんなに」を促進している。

(3) メーファールアン植物園やドーイトゥンロッジ、カフェドーイトゥンでは、太陽光発電やバイオ燃料、ヒートポンプで電気を発電しており、目標7「エネルギーをみんなにそしてクリーンに」を促進している。

(4) ドーイトゥンの5つのビジネスを通じて、村々に伝統文化に適した暮らしや環境保全を促進しながら、安定した収入を得られるようにした。また、コーヒーやマカダミアナッツの加工工場の所有権を山岳少数民族に譲渡し、頑張れば、自分たちも恩恵を受けることができようになり、目標8「働きがいも経済成長も」の達成を後押ししている。

(5) メーファールアンの地域資源を生かして、農産加工や手工芸、飲食、観光等の新しい経済活動を生み出しており、目標9「産業と技術革新の基盤を作ろう」を促進している。

(6) ドーイトゥンの5つのビジネスを通して、蔑まれてきた山岳少数民族をタイ社会に包摂し、社会的・経済的格差を減らしており、目標10「人や国の不平等をなくそう」を推進している。

(7) 製品には、綿や竹、桑等、ドーイトゥンで育てた再生可能な素材を使用している。カフェドーイトゥンでは、飲み物の容器を陶器に代え、プラスチック廃棄物の削減に取り組んでいるため、目標12「つくる責任つかう責任」を推進している。

(8) ケシ栽培のための焼畑を止めさせ、コーヒーやマカダミアナッツ等の商品作物栽培のための森林農業に変換することにより、禿山を緑あふれる山に変えた。また、手工芸製品に使用する綿や竹、桑等も、かつて禿山だった場所に植えられ地域の中で生産されており、目標15「陸の豊かさも守ろう」を後押ししている。

(9) 海外の専門家の協力のもと、デザインや織の技術、コーヒー栽培についての指導を受けるによって、モノづくりがさらに発展しており、目標17「パートナーシップで目標を達成しよう」を促進しながらSDGsを促進している。

ドーイトゥンは、食品や手工芸、園芸等のモノづくりやカフェやエコツーリズム等のコトづくりを通して、荒廃した自然環境を回復させ、育んできた。ドーイトゥンのモノ・コトづくりで使われる様々な素材は、地域で育まれている。また、山岳少数民族のフィームー（手技）を主体として、モノ・コトがつくられている。山岳少数民族の発展を支えるためのモノづくりは、結果的に様々なSDGsを促進することにつながっている。

チェンマイライフアーキテクツ&
コンストラクション

■地域資源を生かしたモノづくりで建築にイノベーションを起こす

チェンマイライフアーキテクツ&コンストラクション（以下CLA & CLC）は、オーストリア出身のマルクス・ロゼリー（Markus Roselieb）によって、2009年にタイ北部にあるチェンマイ県で設立された建築事務所兼建設会社である。竹や土、岩石等、どこにでもある自然素材を使い、学校やエコリゾート、住宅、ホール、事務所、瞑想センター等、タイ北部を中心に様々な建築物をつくっている。竹が生み出す有機的なフォルムの美しさと卓越したフィームー（手技）には圧倒される。地域の土やもみ殻、粘土、竹チップを混ぜて、日干しレンガや版築壁[67]をつくり、釘を使うとヒビが入るため、釘は一切使わず竹釘を使用する。何よりも驚かされるのが、CLA & CLCの建築は、基本的に全て手づくりである点である。手の創造力によって、竹が組まれ、土壁が築かれ、建物が建てられていく。

建築現場によく見られるクレーン等の建設機械は、ドームをつくるために竹フレームを持ち上げる時に使用する程度である。建築工事で発生する騒音や砂埃も少ない。また、日干しレンガや版築壁は、全て人の手によって建設現場で丁寧につくられている。岩石は、基本的に地元で調達する。

13年前に建てられたCLA & CLCの事務所は、竹と日干しレンガでつくられている。事務所は、日干しレンガを積み上げ壁をつくり、その上に竹でできたドーム型の屋根を被せ、縁柱と壁で支える構造になっている。日干しレンガを積み上げた壁には漆喰を塗り磨くことでつるつるになる。小屋の天井は竹で覆われており、屋根と小屋の天井の間に空気の層ができるため、熱が遮られるようになっている。屋根に使用する竹は、縦方向に細かく割れ目を入れていき、平面に広げる。土壁の高い熱質量（材料が熱エネルギーを吸収して蓄える能力）により、

67　壁や塀等をつくる際に古代から使われている施工方法で土を強く突き固めつくる工法のこと。

竹を組み上げている様子 © CLA & CLC

温度変化が緩和されるため、中は涼しく空調はいらない。ドームの屋根は、屋根用の竹とタール紙を交互に合計4層重ねてつくられている。タール紙は、紙にタールを含浸させたもので、屋根の建設に役立つ防水材である。筆者も事務所でマルクスにインタビューをしたが、熱帯気候にもかかわらず、事務所の中は大変涼しく、快適であった。そして、建ててから既に13年経過しているが、蜘蛛の巣や傷んでいる所もなく、非常に綺麗で清潔な状態を保っていた。ちなみに、マルクスは、チェンマイにある自宅も竹と日干しレンガでつくっている。

竹を使った建築は、チェンマイだけではない。筆者が2022年に出版した『竹自転車とサステナビリティ』[68]において、手仕事による竹自転車づくりが、世界各地で同時多発的に発生していることを確認しているが、自転車だけではなく、建築の領域にも竹の利用が広がっている。竹建築の世界的な広がりは、南米の

68 岩瀬大地『竹自転車とサステナビリティ 世界の竹自転車づくりから学ぶサステナブルデザイン』風人社．2022年．

日干しレンガを組み立てている様子　© CLA & CLC

コロンビア出身の建築家、シモン・ベレス[69]（Simon Velez）等のグループが広めていったのがきっかけである。竹は、ヨーロッパと南極大陸を除く全大陸に分布し、成長が早い再生可能な自然資源である。竹は木に比べ、再生可能で成長が早く、40％以上も二酸化炭素を吸収し、約35％も多く酸素を生み出すため地球温暖化緩和に貢献する素材である[70]。竹は、スチールといった近代建築を支えた工業素材を代替する可能性を持っており、21世紀の「グリーンスチール」とも呼ばれている[71]。CLA & CLCのモノづくりは、International Design Award（アメリ

69　世界的な竹建築家。現在まで、ドイツ、フランス、アメリカ、ブラジル、メキシコ、中国、ジャマイカ、コロンビア、パナマ、エクアドル、インドでグアドゥア竹を使った建物を設計。オランダのThe Principal Prince Claus Awardを受賞.

70　スザンヌ・ルーカス, 山田美明（訳）『竹の文化誌』原書房. 2021年.

71　Clarissa Sebag-Montefiore. Why Bamboo is the 'Green Steel' of 21st-century Asian Architecture. *Financial Times*. 2016 June 10. https://onl.tw/KSAH4WS（最終閲覧日：2022年9月22日）

壁に漆喰を塗っている様子　© CLA & CLC

カ)、World Architecture Festival Award、Architizer A + Awards、Idea Tops Green Architecture Award(中国)、FIBRA Award(フランス)、チェンマイデザイン賞等、国内外の数々の賞を受賞し、国際的に評価されてきた。

CLA & CLCで使う竹は、チェンマイ県に隣接するランプーン県で収穫され、事務所の敷地内にある作業場で油抜き等、竹を処理する作業を行なっている。建築に使用する竹は

(1)　タイ語でパイ・トン[72](*Dendrocalamus*)と呼ばれ、成長すると高さ20〜30m、直径10〜20cmにもなり柱に使用する巨大な竹。

(2)　タイ語でパイ・シースック[73](*Bambusa Blumeana*)と呼ばれ、成長すると高さ15

72　タイでは多くの地域で盛んに植栽されている。

73　タイ北部や東北部、ミャンマー、ラオスで生育する。田んぼの周辺や水路沿いに植えられ、食

〜20m、直径8〜12cmになり垂木に使用する竹。

(3) タイ語でパイ・ルアックダム[74]（*Thyrsostachys Oliveri*）と呼ばれ、成長すると高さ10〜25m、直径5〜8cmとなり、硬いが柔軟性のある竹。

(4) タイ語でパイ・ルアックカオ[75]（*Thyrsostachys Siamensis*）と呼ばれ、成長すると高さ5〜10m、直径2〜4cmとなる小型の竹。

(5) タイ語でパイ・サンモン[76]（*Dendrocalamus Sericeus*）と呼ばれ、成長すると高さ15〜20m、直径6〜10cmとなる中大型の竹。

合計5種類を使用している。どれも非常に肉厚で木材に近い。竹は全てランプーン県の2つの供給業者から購入しており、県内の村で竹建築に適った竹を育成してもらっている。CLA & CLCの建築では大量の竹を使用する。そのため、CLA & CLCに竹を供給するようになると、供給業者や村の暮らしは向上したという。

竹は、4〜6年生のものを使用する。マルクスによると、4年ほど経つと竹の糖分が減り繊維が硬くなる。これより若い竹は、まだ繊維が柔らかく糖分が多いため、サトウキビと同じ状態と捉えた方が良く、建築材料に適さない。竹は、節ごとに小さな穴をあけ、ホウ砂を水に溶かした液体プールに4〜10日間浸す。浸しておく日数は、竹の種類によって異なる。プールの大きさは、幅約3m、奥行き約12mで、２つある。溶液に浸していると、やがて竹から糖分が溶け出し、液体は黒くなり泡が出る。そして、竹に塩分が染み込み、防虫・防カビの効果が得られるようになり、蜘蛛の巣や虫を寄せ付けなくなる。ホウ砂を水に溶かした液体は年に1回新しいものに交換し、廃水処理は専門業者が行なう。竹を取り出した後は、5〜10日間、屋外で乾燥させる。乾燥後は、大きさや用途別に分けられ、竹でできた保管庫に移される。このように適切に処理をすると、50年間は耐えることができる建築をつくることが可能であるという。適切な年齢の竹

用にされる。成長した竹は、家具に使用する。

74 タイでは、座ったり、寝たりすることができる移動式の台に使用される。床下のスペースでよく利用される。

75 タイでは建設や竹馬、果物やカキ養殖の杭打ちに使用される。また、パルプの製造に適しており、包装紙や印刷用紙、便箋にも使用される。筍は食用としてタイカレーや筍汁に使用される。タイ全土に自生するが、特にタイ西部のカンチャナブリー県でよく採れる。水はけが良い土壌を好む。

76 チェンマイ県やプレー県、ランパーン県といった北部に自生する。

ホウ砂が溶けた液体プールから取り出す直前の竹　筆者撮影

を適切に処理することによって、大変優れた建築資材になるのだ。しかし、どこにでもある希少性のない素材であることやシロアリに食われる等、脆く丈夫でない素材であるといった先入観があるため「時代遅れで、貧者の木材」として世界各地で蔑まれてきた。理由は、適切な処理方法を知らない無知が原因であるし、壊れたり、洪水で流されたりしたら、常に新しくつくり直すことを前提にしているため、悪くいえばつくりが雑なためである。

CLA & CLCが多くの竹建築をつくった、チェンマイのパンヤーデンインターナショナルスクール（Panyaden International School）は、2011年に開校した[77]。仏教とイギリスのカリキュラムIPC[78]（Internatinal Primary Curriculum）、国際バカロレア・ディプロマ・プログラム（IBDP）を提供する学校である。サステナブルな世界を構築するSDGs人材を育成することを目的に、サステナブルな地球のための真

77　パンヤーデンインターナショナルスクール ウェブサイト：https://www.panyaden.ac.th/
78　バランス感覚のとれた国際人を育成することを目的に、教科書を使わない学習を行なう。世界90ヵ国1800校で採用されているプログラム。

パンヤーデンインターナショナルスクール ① 学校の入り口 © CLA & CLC

の価値に基づく教育を目指し設立された。最初は5000m²しかなかったキャンパスは、今では約4万4800m²まで広がり、様々な竹校舎が増築されている。現在建物の数は、60棟ほどあり、世界中から集まった約400人の子どもたちが学んでいる。この学校の校舎やカリキュラムに惹かれ、南米やアフリカ、アジア等、世界中からやって来る。また、講師も19ヵ国の国籍で構成されており、本当の意味で国際的な学校である。出身国別に見ると、30%がタイ、30%が英語圏外、40%が英語圏出身の児童や園児である。

驚いたことに、職員室や教室、体育館、図書室、音楽室、図工室、理科室、トイレ、礼拝堂、食堂、待合室、校門、遊具、学校で使われるテーブルや椅子、ベンチ、棚、排水溝の蓋、下駄箱、ゴミ箱、落とし物入れ、掲示板等、あらゆる施設や備品が、竹でつくられている。CLA & CLCが全てデザインし、つくった。

パンヤーデンインターナショナルスクールを象徴する、トラス構造の巨大アーチが美しい体育館は、長く細い竹をいくつも束ねて1本の太い竹管をつくり、竹管をスチールワイヤーでいくつも繋ぎ合わせて長いアーチを生み出している。

パンヤーデンインターナショナルスクール ② 事務棟 © CLA & CLC

パンヤーデンインターナショナルスクール ③ 体育館 © CLA & CLC

パンヤーデンインターナショナルスクール ④ 音楽室 © CLA & CLC

麻縄はスチールワイヤーを隠すために使われている。この手法によって、約300人を収容できる大きなドーム空間を実現させた。ちなみに体育館の床は、廃タイヤをリサイクルしてつくられている。スチールワイヤーで竹を縛る方法は、体育館だけではなく、ほとんどの学校施設に見られる。体育館以外の学校施設（食堂や職員室等）では、よく見ると大小様々な天然の岩石が、屋根を支える基礎として使われている。竹の支柱の内側には、金属ボルトが入っており、岩石に埋め込まれている。

また、多くの建物の屋根には、天窓を組み込み、外の光が入り込むよう工夫し、照明の電気消費を減らしている。さらに、持続可能性の追求は、建物だけではなく、学校で発生する廃棄物の管理にも及ぶ。例えば廃水は、環境に放出される前に処理される。食品廃棄物は、学校のキッチンの調理用バイオガスや校内の植物用の肥料にリサイクルされる。さらに、チェンマイは、毎年1月末から3月末にかけて、ひどい大気汚染に襲われる。そのため、園児や児童、教職員を健康被害から守るため、各施設にはビルトインの空気清浄機が設置されている。マルクスによると、全てが自然素材でつくられているため、ほとんどの園児と児童は学校にいる間、裸足で過ごすという。筆者の娘も気が付くと靴を脱ぎ、自由に走り回っていた。

■始まったきっかけ

マルクスは、独学で建築を学んだという。建築家になる前は、医者だったというユニークな経歴の持ち主である。タイには25年以上住んでおり、チェンマイには15年前に移ってきた。チェンマイに移住する前は、バンコクの難民キャンプで医療活動に従事し、サムイ島で開業医をしていた。マルクスにとって、医者は人の身体や健康を形づくるヒューマンアーキテクトと呼べるものであり、建物をつくるビルディングアーキテクトと同じであるという。バンコクに住んでいた時、海辺に別荘を持っており、時折家族で遊びに行くと、潮風で金属部品が錆び、傷んだ別荘の修理をしなければならなかった。その時から、コンクリートやスチールよりもっと良い素材があるはずだとずっと感じていた。そんな矢先、偶然タイで第8回世界竹会議（8th World Bamboo Congress Thailand 2009）が開催されることを知り、参加した。会議で、竹は錆びず、中空構造で軽く強靭で、カーボン・フットプリントも低く、スチール以上の利点を備えていることが分かり、竹への興味に火が付いたという。これを機にCLA & CLCを設立した。マルクスは、様々な文献や書籍を読み漁り、また、分からなければ専門家に直接コンタクトを取って、話を聞くなどして、竹建築を独自に学んだ。

竹を使った建築は、タイをはじめ東南アジアの国では珍しくない。タイの農村地帯に行くと、竹でできた小屋や家、ゲストハウス、歩道、橋を見ることがある。長く使うことを目的にしているというより、洪水で流されたり、壊れたりしたら新しく建て直すなど、一時的に使うことを前提にしている建築物が多い。また、富裕層のための建築というより、貧困層のための建築という偏見もある。したがって、竹の処理方法や竹を使ったモノづくりも長年変化がなく、イノベーションが起きないのである。マルクスが目指す竹建築は、従来延長線上にある竹建築ではなく、最新の科学的知見を使ってつくる、新しい竹建築である。始めは多くの失敗もあったが、失敗から学ぶことによって、自分が思い描く竹建築が少しずつ可能になっていった。それでもやはり、出来ないこともあるという。その時は、その道の専門家や解決できる人をインターネットを使って探し出し、知見やアドバイスをもらって問題を乗り越えてきた。例えば、新しいデザインの竹建築の構造計算をしようとすると、自分の力だけではできない。CLA & CLCを世界的に有名にしたパンヤーデンインターナショナルスクールの初期の施設は、オランダにある24H Architecture[79]の協力なしでは実現できなかった。また、世界最大級の竹体育館は、世界に6人ほどしかいない竹建築の構造エンジニア[80]の協力なしでは実現できなかった。さらに、現在では、竹に関する学術研究が進んでおり、様々な科学的知見をインターネットから入手できる。このように分からないことや出来ないことは、世界中から協力者や情報を探すことによって解決している。

■取り組んでいる課題

基本的に近代建築は、建物が建つ地域性や地域の自然環境を無視してきた。建物を絶縁材で包むことによって、建物は自然環境と断絶し、また、地域にはない素材を使うことによって、建物は自ら率先して地域と絶縁してきた。竹は、スチールと比べると、引張強度があり、風や揺れにも強い。また、竹を組んでつくった屋根は、断熱性も高く、建物内部を涼しく保ち、大変優れた建築素材である。スチールやコンクリート等、近代建築を支えた工業素材は、生産や輸送の段階で大量の化石燃料を消費し、膨大な量の二酸化炭素を排出するため、地球温暖化の一因になっている。世界の温室効果ガス排出の40%は、建設業界からともいわれている[81]。一方、竹は成長過程で多くの二酸化炭素を吸収し、酸素を排出する。竹の優れている点は、素材の特性や環境性能だけでない。誰もが生産できるという点においても優れている。スチール生産には、生産工場への大規模な資本投下が必要である。また、鉄鉱石や石炭等を大量にかき集め、消費するため、基本的には、大企業のように資本がある組織にしか生産ができない。したがって、スチールは大企業によって独占的に生産される。しかし、竹は、地域の人々によって地域分散的に栽培することができ、利益は、直接農家に還元される。そのため、竹を使うことは地球環境に良いだけではなく、地域の社

79　24H Architectureホームページ：http://www.24h.eu/
80　マルクスによれば、竹建築の構造エンジニアは、メキシコ、コロンビア、オランダにいるという。
81　Architecture 2030. *Why the Built Environment?*. https://onl.tw/qhV6yCx（最終閲覧日:2023年2月28日）

会経済にとっても良い。

竹は大きな可能性を秘めているにもかかわらず、多くの人は、竹をスチールやコンクリート等、他の工業素材と比較して、価値が劣るものと考えている。また、適切な竹を選び、処理等、長持ちさせるための知識がないために、人々は竹を脆い建築資材と見なしている。さらに、スチールやコンクリートに比べ、建築資材としての竹は流通していないため、入手が難しく使われない。これは、竹そのものの問題ではなく、人々の偏見や竹の処理の仕方や扱い方に対して無知であること、流通や市場が確立されていないこと等、社会の問題である。しかし、CLA＆CLCの竹建築が周知されることによって、竹利用が高まり、社会の変化を期待することができる。

工場や建設現場で働く総勢70名の労働者のほとんどは、隣国ミャンマーのシャン州から逃れてきたタイ・ヤイ族の難民である。彼らは、小さい時から自然の中で暮らしてきたため、モノづくりの能力が高い。しかし、難民状態のため、正社員として雇うことは難しく、日雇いとして雇用している。しかし、マルクスは彼らのためにCLA & CLCの敷地に水や電気を引き、竹で社宅を建てた。敷地内に20棟ほど建てられている。敷地内で共に暮らすことによって、一体感や忠誠心も高まり、良い仕事ができるようになる。また、竹でできた託児所も併設してあり、労働者の子どもたちを無償で預かっている。労働者は、自分たちの子どもを学校に行かせたり、自動車やバイク等の暮らしに必要なモノを買ったりすることができるようになった。さらに、自分たちの仕事が世界中で評価されることによって、誇りや働きがい、生きがいが生まれている。マルクスは、難民問題に取り組むために彼らを雇用しているわけではないが、生活基盤を整えてあげることによって、難民の生活の質を改善している。

■モノづくりを通して目指していること

マルクスは、地球環境の未来に対して悲観的な見方をしているが、彼自身が建築でできることは「生活の質の向上」であるという。マルクスは、学校やエコリゾート、住宅、ホール、工場等、そこで過ごす人々の生活の質が大切だという考えを持っている。医療において治療や療養生活を送る患者の身体的・精神的側面を含め生活の質を考えることと、建築において自分が設計した建築で暮らす人々の生活の質を考えることは、同じであるという。近代建築は、無機質な箱をつくってきた。その箱は、多くの人にとって決して心地よい場所ではない。現に多くの人は週末になると家から出たがる。竹建築は、有機的な形態をしており、自然素材でできた場所は、多くの人にとって心地よく、そこで過ごす人々の生活の質を高めてくれると信じている。

2023年2月6日に起きたマグニチュード7.8のトルコ・シリア大地震で、世界中の人々がスチールやコンクリートでできた建物や街が全壊した映像を目の当たりにした。長年の研究から、竹建築は揺れに強いことが分かっている。「私たちは近代建築の限界から目を覚ますべきだ」とマルクスはいう。21世紀の建築やモノづくりでは、竹は主要素材として、もっと使用されるべきである。環境に優しいサステナブルな素材だということだけではなく、地域に収入をもたらし、安価で入手しやすく、災害で破壊されても再建が簡単、地域の人でもつくれる等、地域にも優しい素材だからだ。マルクスは、東南アジアの農村だけではなく、先進国でも竹建築が普通になっている社会を思い描いている。そして、CLA & CLCが模範となって、多くの人々に竹建築が受け入れられ、枯渇性資源の乱開発や地球温暖化を防ぎたいと思っている。そのために、CLA & CLCの作品が様々な賞を受賞し、メディアに取り上げられることによって、世界中の人々が見学にやってきて竹建築について学んだり、竹建築の魅力が発信されることによって、より多くの人々の関心を呼び起こそうとしている。マルクスが思い描いている社会は、竹建築が建築業界の主要素材になっている姿である。そして、将来バンコクのど真ん中に、竹で高層建築を建てることを夢見ている。

■促進しているSDGs

CLA & CLCは、

(1) 竹供給業者を通じてランプーン県内の村人に竹を育成してもらことによって、利益を農家に還元している。また、労働者であるタイ・ヤイ族の難民に竹でつくった社宅や託児所を提供する等、目標1「貧困をなくそう」を促進している。

(2) 自分たちの仕事が世界中で評価されることによって、労働者の間に誇りや働きがい、生きがいを生んでいる。また、竹は農家が村で生産することができるため、地元に経済効果を生んでいる。さらに、労働者の子どもを託児所で無償で預かり、働きやすい環境をつくっており、目標8「働きがいも経済成長も」を促している。

(3) 竹や土、岩石等、地域の自然素材を使った新しい建築産業が生まれている。竹は、中空構造で軽く強靭で、近代建築を支えた化石燃料ベースの工業素材を代替する可能性を持っている。また、科学的な手法を使って構造計算し、従来では不可能だった巨大建築を実現しており、竹を建築に使うことによって、目標9「産業と技術革新の基盤を作ろう」を進めている。

(4) タイ・ヤイ族の難民を労働者として雇うことは、目標10「人や国の不平等をなくそう」につながっている。

(5) 竹は木に比べ、再生可能で成長が早く、40％以上も二酸化炭素を吸収し、約35％も多く酸素を生み出すため地球温暖化緩和に貢献する素材である。また、地域の土や岩石等、地域の自然素材を使っており、目標12「つくる責任つかう責任」を促している。

(6) 竹建築は、化石燃料を大量に消費する建設機械もあまり使用せず、環境負荷が高い近代建築に代わる可能性を秘めており、竹建築を推進することは、目標13「気候変動に具体的な対策を」につながっている。

(7) 世界中に分布する竹を建築に利用することは、森林の乱開発による森林破壊を防ぐ効果が期待できるため、目標15「陸の豊かさも守ろう」の達成に貢献している。

(8) CLA & CLCの竹建築は、オランダの建築事務所や竹建築の構造エンジニア等、様々な人々との連携がなければそもそも始まらなかった。様々なSDGsを促すCLA & CLCの竹建築は、目標17「パートナーシップで目標を達成しよう」を推し進めながらつくられている。

マルクスは、竹建築が広く社会に受け入れられることによって、人々の生活の質を向上する一方、枯渇性資源の乱開発や地球温暖化の防止につながればと思っている。タイのバンブーと日本の竹はまったく違う。また、日本は建築基準が厳しく、自然災害が多いため、マルクスがつくっているような丸竹をそのまま構造体に使うことは、日本の竹の性質や法律上、難しいかもしれない。しかし、日本の鹿児島県でも竹を集成材に加工し、建築物をつくる動きが出てきている。[82]マルクスは地域のどこにでもあり「時代遅れで、貧者の木材」と蔑まされてきた素材を、科学的な知見を使い生かすことによって、新しい建築を生んでいる。無いことを嘆くのでなく、地域に既に有る資源を発見し、それを生かし、現代のニーズに合うモノを生み出す姿勢は見習うことができるのではないだろうか。

82　谷口りえ「日本でも「竹造建築」が実現間近に、山の厄介者が救世主になる?」日経クロステック. 2023年7月28日. https://onl.tw/USnxndG（最終閲覧日：2023年9月20日）

タイに学ぶSDGsモノづくり

■SDGsを促進するモノづくり

これまで、SDGsを促進するモノづくりの事例を見てきた。その中で分かったことは、目標17「パートナーシップで目標を達成しよう」は、全ての活動に共通しているSDGsであった。各事例において、目標17が果たしている役割を見ると、モノづくりがSDGsを促進するための鍵として機能していることが分かった。本書では、モノづくりにおけるパートナーシップの役割に関して、2つのパターンを確認した。1つ目は、ステークホルダーとの連携がなければ、モノづくりそのものが始まらなかったり、発展しなかったり、継続しなかったりする事例である。例えば、シーカーアジア財団のFEEMUEやヨタカ、クオリー、メーティータ、CLA & CLCである。これらの事例では、外部の団体組織や専門家等との出会いをきっかけとして、モノづくりが生まれ、展開・発展しており、ステークホルダーとの連携は、いわばモノづくりを育むインキュベーション（モノづくり活動の創出や起業を支援する行為）の役割を果たしていた。2つ目は、ステークホルダーと連携することによって、モノづくりの幅が広がった事例である。例えば、プラントイやウィシュラダ、メーファールアン財団のドーイトゥン開発プロジェクト、社会文化イノベーションラボのヘッディー・クラフトである。これらの事例では、団体組織や地域社会の人々との連携をきっかけに、活動範囲が広がり、社会支援や環境保全活動が展開される等、他の目標達成に好影響を与えるようになっており、ステークホルダーとの連携は、いわばSDGs促進のブースター（起爆剤）のような働きがあった。

組織名	促進しているSDGs
フィームー（シーカーアジア財団）	【目標1】「貧困をなくそう」 【目標5】「ジェンダー平等を実現しよう」 【目標8】「働きがいも経済成長も」 【目標10】「人や国の不平等をなくそう」 【目標17】「パートナーシップで目標を達成しよう」
プラントイ	【目標1】「貧困をなくそう」 【目標4】「質の高い教育をみんなに」 【目標7】「エネルギーをみんなにそしてクリーンに」 【目標8】「働きがいも経済成長も」 【目標10】「人や国の不平等をなくそう」 【目標12】「つくる責任つかう責任」 【目標14】「海の豊かさを守ろう」 【目標15】「陸の豊かさも守ろう」 【目標17】「パートナーシップで目標を達成しよう」
ヨタカ	【目標1】「貧困をなくそう」 【目標4】「質の高い教育をみんなに」 【目標8】「働きがいも経済成長も」 【目標12】「つくる責任つかう責任」 【目標14】「海の豊かさを守ろう」 【目標17】「パートナーシップで目標を達成しよう」
クオリー	【目標1】「貧困をなくそう」 【目標9】「産業と技術革新の基盤を作ろう」 【目標12】「つくる責任つかう責任」 【目標14】「海の豊かさを守ろう」 【目標15】「陸の豊かさも守ろう」 【目標17】「パートナーシップで目標を達成しよう」
ウィシュラダ	【目標1】「貧困をなくそう」 【目標4】「質の高い教育をみんなに」 【目標8】「働きがいも経済成長も」 【目標12】「つくる責任つかう責任」

ウィシュラダ	【目標14】「海の豊かさを守ろう」 【目標15】「陸の豊かさも守ろう」 【目標17】「パートナーシップで目標を達成しよう」
メーティータ	【目標1】「貧困をなくそう」 【目標8】「働きがいも経済成長も」 【目標12】「つくる責任つかう責任」 【目標17】「パートナーシップで目標を達成しよう」
ヘッディー・クラフト（社会文化イノベーションラボ）	【目標1】「貧困をなくそう」 【目標8】「働きがいも経済成長も」 【目標9】「産業と技術革新の基盤を作ろう」 【目標10】「人や国の不平等をなくそう」 【目標12】「つくる責任つかう責任」 【目標17】「パートナーシップで目標を達成しよう」
ドーイトゥン開発プロジェクト（メーファールアン財団）	【目標1】「貧困をなくそう」 【目標4】「質の高い教育をみんなに」 【目標7】「エネルギーをみんなにそしてクリーンに」 【目標8】「働きがいも経済成長も」 【目標9】「産業と技術革新の基盤を作ろう」 【目標10】「人や国の不平等をなくそう」 【目標12】「つくる責任つかう責任」 【目標15】「陸の豊かさも守ろう」 【目標17】「パートナーシップで目標を達成しよう」
チェンマイライフアーキテクツ＆コンストラクション	【目標1】「貧困をなくそう」 【目標8】「働きがいも経済成長も」 【目標9】「産業と技術革新の基盤を作ろう」 【目標10】「人や国の不平等をなくそう」 【目標12】「つくる責任つかう責任」 【目標13】「気候変動に具体的な対策を」 【目標15】「陸の豊かさも守ろう」 【目標17】「パートナーシップで目標を達成しよう」

本書に登場した取り組みが促進しているSDGs

本書の事例を見ると、デザイン活動家らは、既に地域に存在している資源に新たな可能性を見出す「発見力」、地域資源（地域の再生可能な自然資源やリサイクル資源、伝統文化等の文化資源、人が持つフィームー（手技）や伝統知識等の社会資源）をモノづくりに生かす「創造力」を持っており、場合によっては、必要な資源をケアしたり育んだりする「育成力」も持っていた。全くゼロから価値を生み出す創造力ではなく、可能性を見出し、新たな価値を引き出す創造力である。その上で、活動家らは、地域社会の人々とつながりながらモノづくりを興し、展開していた。地域の人々とつながることによって、ステークホルダーとの連携が生まれ、結果として、地域資源を生かすことができる「モノづくりのエコシステム[1]」が形成される。デザイン活動家がハブとなり地域社会の人々とつながることは、経済学者のヨーゼフ・シュンペーターのいう「新結合[2]」と同じである。つまり、これまで組み合わせたことのない地域にある資源が、活動家によって組み合わせられることによって、新たな価値が創造され、イノベーションが起こるのである。地域にとって活動家らは、新しいモノづくりのエコシステムを形成するノード（結節点）のような存在といえる。印象的だったのは、活動家らは、自身のモノづくりを家族の共同作業のように捉え、単なるサプライチェーンにおける利害関係や労使関係を超え、地域の人々と融和的な関係を築き、大切にケアしていた点である。大企業が拡大生産者責任[3]や環境に配慮した素材調達、エコデザインの実践で実現されるのは、サプライチェーンの持続可能性であり、地域社会ではない。

■「地域主義的生産」に基づいたモノづくりがSDGsを促進する

活動家らは、既にある地域の自然資源や廃棄物、再生資源等からモノを発想し、地域の大衆のフィームー（手技）を主体に「大衆生産」を行なっていた。使われている技術や道具を見ると、多くは特別なものではなく、経済学者のE. F. シューマッハーの中間技術論にあるような、安くて簡単に手に入れられ、小さな規模で応用できる技術や道具を使っていた。大衆のフィームー（手技）を主体にした

1　地域に存在する資源がお互いにつながることで生まれるモノづくりの仕組み。
2　これまで組み合わせたことのない要素を組み合わせることによって、新たな価値を創造すること。
3　生産者が、その生産した製品が使用され、廃棄された後においても、その製品の適切なリユース・リサイクルや処分に一定の責任を負うという考え方。

大衆生産は、高度な知識や高価な技術を必要としないため、誰もが参加できる包摂的なモノづくりとなる。ヒューマンスケールの技術や道具を使ったモノづくりは、自然への働きかけもヒューマンスケールになるため、地域の環境収容力（ある地域の生態系を破壊せず居住する人々を扶養できる力）の範囲内に収まるスローな創造活動となる。大企業に見られる、競合に勝ち、更なる資本蓄積のために、世界中にサプライチェーンを形成し、世界中からかき集めた資源を、グリーンテクノロジーを使って不必要なエコ製品を大量生産するのとは違い、従来の資本主義的生産（資本蓄積・利益を得ることを目的にした商品生産）に替わるモノづくりであり、筆者はこれを「地域主義的生産」と呼びたい。地域主義的生産に基づいたモノづくりが、タイのモノづくりの特質であり、SDGsの時代に求められるモノづくりである。

資本主義的生産では、利益を最大化するために売れるエコ製品を企画する等、「何を」つくるかが先にあり「誰が」「どこで」「どのように」「どんな資源を使って」つくるのかは、大抵後で決まる。多くの場合「何を」つくるかは、グローバル・ノースにある本社で決定し、その後は、利益を最大化するために環境規制や人権意識も緩く、賃金が安い途上国を適当に見つけ、世界中からかき集めた資源を投下しファストに大量生産することになる。つまり「地球に優しい」モノづくりは「地域に優しくない」のである。

一方、地域主義的生産では、社会課題や自然環境問題の改善・解決といった社会善のために、地域資源を生かして地域で何がつくれるか？という観点から発想する。大企業が、エコなモノづくりを中央集権化・独占化するのではなく、世界各地で地域主義的生産に基づいたモノづくりが分散的に行なわれる地域主義的な社会経済こそ、現代文明に代わる新しい文明の姿ではないだろうか。地域主義的生産に基づいたモノづくりは、暮らしのグローバリズムへの依存を減らし、地域の自己免疫力を高め、内発的発展[4]を促進する。そして、地域主義的生産に基づくモノづくりが各地に広がれば、大企業の独占的な大量生産による文化や暮らしの均一化ではなく、文化の多様性を再び回復させる契機となるのではないだろうか。

タイの活動家らは、地域にどっぷりと根を下ろし、運命を共にしながら、モ

4　第2部脚註37.

ノづくりを行なっている。そして、彼らは、社会善をモノづくりの主要な目的にしながらも、モノづくりを持続するために、資本を生み出すことの重要性を強調していた。資本は、地理学者のデヴィッド・ハーヴェイがいう「身体を巡る血液」のようなものであり、血液の流れが停止すると死んでしまうように、モノづくりにおいても、利益を生み出し循環させないと活動が維持できず、停止してしまう[5]。しかし、血液は多すぎても少なすぎても、多血症や貧血の原因となり身体全体に支障を来す。モノづくりのエコシステム全体が健全に持続できる程度の資本を生み出し続けることが肝要であり、多くの活動家らは「足るを知る」もしくは、タイ語でいう「ポーディ・ポーディ（ちょうど良い）」という点を意識していた。また、血液が各器官を巡らないと血行不良で身体全体の健康に影響を来すように、生み出された資本は、活動家らが全てを独り占めせず、地域内に組織したモノづくりのエコシステム内を循環させ、地域の自然資本の形成（生態系の回復･修繕）やソーシャルキャピタルの形成（信頼や連帯の醸成）、人間資本の形成（知識や技能の向上）等、一部を地域の自然や人、社会に還元していた。このような循環が結果的に、地域全体の自然環境をケアしたり、社会的包摂や人間開発を促進したり、地域社会を元気にしたり、ステークホルダーに配慮したり、地域の人々に生きがいや働きがいを生んだり、技能や知識を向上したり、生物多様性を回復･向上したり、資源循環を促進したり、地域の社会的インフラストラクチャーを改善したりする等、地域の中で社会的共通資本を生み出し、SDGsを促進していた。しかし、クオリーを除き、ほとんどの活動家らは、SDGsを意識してモノづくりを行なっているわけではなかった。したがって、活動家らが、SDGsをモノづくりのフレームワークとして活用するならば、モノづくりによってSDGsがさらに促進されるだろう。

活動家らの地域の環境収容力内で行なわれている地域主義的生産は、資本・利益を創造する交換価値創造活動でありながら、無限の成長を目指す資本主義の暴走に歯止めをかけるブレーキとして機能している。地域主義的生産は、「足るを知る」価値観に根付いたモノづくりといえる。一方、グローバルに資本を循環させた場合、地域に社会的共通資本を生むモノづくりのエコシステムの形成

5　デヴィッド・ハーヴェイ，森田成也・大屋定晴・中村好孝・新井田智（訳）『資本の〈謎〉世界金融恐慌と21世紀資本主義』作品社．2012年．

は期待できない。なぜなら、大企業が形成するのは、利益をグローバル・ノースに吸い上げるためのサプライチェーンであり、地域から根こそぎ資源や労働を搾取し尽くした後は、最も簡単に他の地域に移動するからである。また、生産拠点の地域の生態系が破壊されたり、紛争や災害、政治不安が起こって、社会が不安定になったりすると、そそくさと撤退し、次の適当な場所を見つける。グローバル・ノースの大企業にとっての一番関心ごとは、サプライチェーンの持続可能性であり、地域の持続可能性ではない。地域と運命を共有していないグローバル・ノースの大企業にとって、グローバル・サウスの地域は使い捨てに近いのではないだろうか。

タイに見られる社会善を目指したモノづくりは「足るを知る」経済思想やタンブン（喜捨）といった、タイ独特の文化が根付いているから可能だと思うかもしれない。しかし、他のグローバル・サウスに目を向けると、タイのように、資本蓄積・利益を得ることを主要な目的とせず、地域の自然環境や伝統文化に根差しながら、地域の人々の手仕事を主体にしたモノづくりを通じて、社会善を目指したモノづくりが、ブラジルやコスタリカ、アルゼンチン等、グローバル・サウスにあるラテンアメリカで急速に生まれていると報告されている。したがって、タイの事例に見られる地域主義的生産に基づいたモノづくりは、国や文化の違いはあるが、ラテンアメリカで生まれている潮流と軌を一にしたものであり、タイだけが特別なのではない。そして、グローバル・サウスで生まれてきているこのような潮流は、グローバル・ノースで見られる、SDGsをビジネス機会（商機）と捉える、社会・地球環境問題便乗型資本主義と違う。活動家らは、社会課題を市場化し、資本蓄積・お金儲けをするために課題解決という商品を生み出しているわけではなく、地域の中で社会的共通資本創出という社会善のためにモノをつくっている。その結果、SDGsが促進されるのである。

■資本主義的生産に基づくモノづくりの限界

本来ならSDGsは、根本的に持続不可能で、資本主義に根ざした現代文明のあり方を問い直し、文明転換に関する議論の土台として捉えならなければならないはずだ。しかし、SDGsはお金になるという理由から、企業はこぞって熱くなっており、持続不可能な現代文明をSDGsで取り繕うとしている。昨今の国を挙げての官民一体のSDGsの盛り上がりは、更なる経済成長に駆られた結果である。経済思想家の斎藤幸平は「SDGsは新たな大衆のアヘンである」と表現している。根本的にグローバル・ノースのモノづくりは「資本主義経済を無限に成長させ続けるため」に、今いる人口により多くのモノをもっと消費させようとする活動（交換価値創造活動）である。

大企業は、エコ製品をつくり、売り続けるために、レアメタルといった、エコ製品に欠かせない資源を巡ってグローバル・サウスで紛争が起こっても、あたかも欲していたかのような錯覚を人為的に生み出しても、環境に配慮した素材調達がグローバル・サウスの労働者を搾取しても、不必要なエコ製品の大量生産・大量消費が生態系に破壊的な影響をもたらしても、基本的に厭わない。したがって、環境に配慮したファストファッションや電気SUV等、グローバル・ノースがエコなモノづくりを推し進めれば推し進めるほど、グローバル・サウスの自然環境や労働者は搾取される。

また、国の経済成長や大企業の資本蓄積を持続させるために、エコ製品を大量生産、大量消費、大量循環し、環境負荷を低減できても、増加し続ける人口や限界を知らない欲求の増加、帝国型生活様式[6]の世界的な普及と深化によって、環境負荷低減効果は相殺されてしまう。サーキュラーエコノミーやエコデザインの取り組みは、不必要なエコ製品の大量生産・大量消費に免罪符を与えてしまうため「経済成長を転換させる」のではなく、更なる「経済成長の機会を与える」ことになってしまう。例えば、環境負荷を従来比で50％削減しても、売り上げが2倍も3倍も増える等。これでは、地球環境の破滅や環境的公正[7]を損なうことが避けられない。人口増加や帝国型生活様式の拡大と普及によって、今後、資源の需要が増加すると、資源循環の仕組みだけでは、地球環境問題や環境的不公正の是正に効果を発揮することはできない。したがって、直線的だった物質フローを閉じて循環させるといった、システムを改善し、資本主義的な生産方法のグリーン化ではなく、従来の資本主義的生産に組み込まれた暮らしの再生産方法の変容について議論する必要があるのだ。

6　第1部第1章脚註21.

7　環境からの便益（環境資源の享受）および環境破壊の負担（被害）の公平な分配によって、環境保全と社会的公正の達成をめざす考え方。

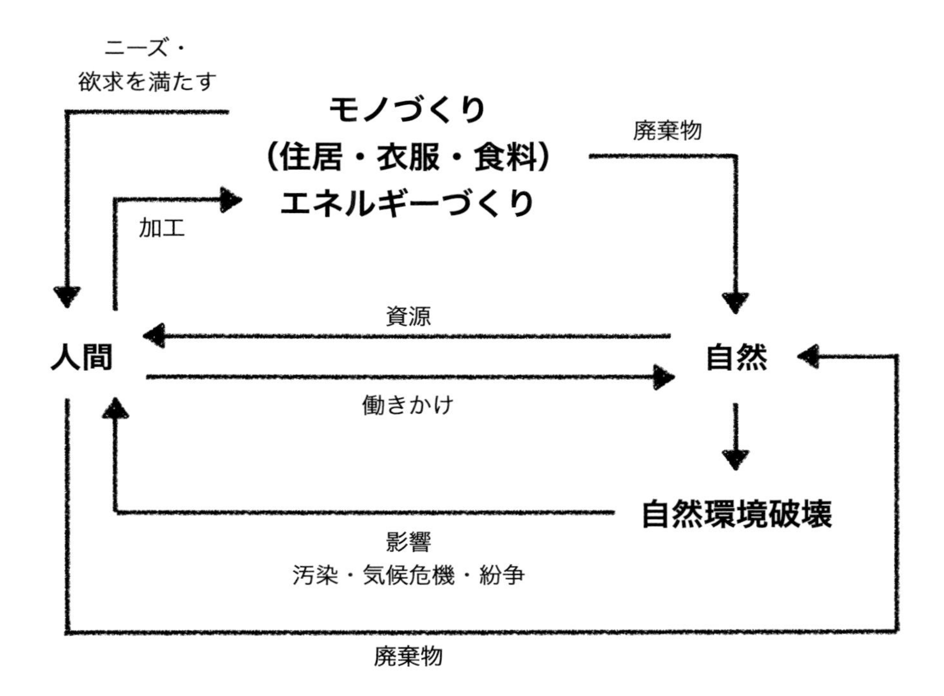

物質代謝に組み込まれている暮らしの再生産　筆者作成

グローバル・ノース主導のサステナブルなモノづくりは、地球環境問題や環境的公正を損なう構造そのものを転換しない状況の中で行なわれている。暮らしの再生産が資本主義的生産に組み込まれていると同時に、根本的には物質代謝に組み込まれている事実を考えると、このまま資本主義的生産が拡大し続ければ、生態系の崩壊によって暮らしの再生産が強制的に不可能になる[8]。いつかは、暮らしの再生産を資本主義的生産から地域主義的生産に組み直さなければならない時が来ることは避けられないのだ。

しかし、私たちが変革を先延ばしすればするほど、気候危機やそれに起因する影響（洪水や山火事、干ばつ、砂漠化、台風といった自然災害や環境難民の大量移住等）は地域を蝕み、地域主義的生産を損なう可能性もあることを考えると、変革す

8　ジョン・ベラミー・フォスター，渡辺 景子（訳）『破壊されゆく地球―エコロジーの経済史』こぶし書房．2001年．

るタイミングは、今しかない。そして、私たちが代替のモデルとして見習うのは、グローバル・ノースに比べ、低いマテリアル・フットプリントでも、豊かな暮らしの再生産を行なっているタイのモノづくりである。

タイの事例から見えた、SDGs達成を促進する地域主義的生産に基づくモノづくりの特徴をまとめる。地域主義的生産の特徴は

(1) 衣食住等、暮らしに必要な有用物をつくる生きるためのモノづくりであり、地域の自然資源や廃棄物、再生資源を活用してつくられている。

(2) 地域の大衆がフィームー(手技)を主体にしてつくる「大衆生産」である。

(3) 中間技術を使っている。

(4) 高度な知識や高価な機械が要らず、誰もが参加できる、民主的なモノづくりである。

(5) 地域の環境収容力内での生産活動が、利益や資本を創造する、交換価値創造活動でありながら、無限の成長を目指す資本主義の暴走に歯止めを掛けている。

(6) 地域の自立を促し、自己免疫力を高め、内発的発展を促進する。

(7) 生み出された資本は、全てを独り占めせず、地域内に組織したモノづくりのエコシステム内を循環させ、生態系の回復・修繕といった地域の自然資本の形成や地域内での信頼や連帯の醸成といったソーシャルキャピタルの形成、地域の人の知識や技能の向上といった人間資本の形成、地域のインフラの整備等制度資本の形成等、資本・利益の一部を地域の自然や人、社会に還元し、社会的共通資本を生み出し、結果的にSDGsを促進する。

■資本主義的生産から地域主義的生産への移行

地域主義的生産は、市場経済[9]活動自体を否定しているわけではない。また、自給自足の生活に戻れといっているのではない。無限の成長を目指し、帝国型生活様式を世界中に普及させ、生きるのに全く必要のないモノまでも、無限につくり、世界中に売り続けることによって、地球環境を破壊し、環境的不公正や不平等、格差拡大してでも生きながらえようとする、資本主義的生産に基づいたモノづくりを否定しているのだ。したがって、暮らしの再生産を支える経済

9 市場を通じて財・サービスの取引が自由に行なわれる経済のこと。

活動を資本主義的生産に根ざしたものから、地域主義的生産に根ざしたものに変換しなければならない。それでは、どうしたら、現在主流である帝国型生活様式とそれを支える資本主義的生産を諦め、地域主義的生産へ移行できるのだろうか。歴史を振り返ると、資本主義に対抗しようとする社会運動は全て、打ち砕かれるか、懐柔させられるか、2つに1つしかない。ポール・メイソンがいうように、資本主義が終わるのは、強硬な手段ではなく、旧システムにも存在するが、目には見えない、よりダイナミックな何かが構築される時である。それが現れると、新しい価値や行動、規範を中心とした経済に作り直されるという[10]。

ラテンアメリカを中心にした社会的連帯経済の動きやタイで見られる地域主義的生産の動きは、日本や欧米等、世界システムの中心部にいる人々の目には見えていないが、潮流としてグローバル・サウルで起こっている。今後、グローバル・サウルにおいて、このような動きを加速させていく必要がある。地域の中で地域主義的生産への移行を加速させるのは、地域の人々に変革への意志、自信や創造力を生むことが鍵となる。タイの農村地域やスラム等、周縁部に位置する人々は、自分たちを中心部に比べて劣っていると思っている。これは高中所得国や低中所得国、低所得国が、高所得国に対して抱くコンプレックスと同様である。しかし、本書の最初にも述べたが、タイのような高中所得国は、高所得国のモデルになるだけでなく、低所得国や低中所得国が高所得国の犯した過ちを繰り返さないためにも、新たな道を示すことが求められている。経営学者の野中郁次郎らが提案したSECIモデル[11]にあるように、企業がイノベーションを生み続けるには、上層部の理想と下層部の現実を知っている中間管理職が、リーダーシップを発揮し、矛盾を解決することが大切だと述べている。したがって、世界を席巻し、地球環境を破壊する資本主義的生産を変革するには、高所得国が踏んだ過ちや限界、行き詰まりと低中所得国・低所得国が直面している貧困、飢餓や低福祉等、厳しい現実を知っている高中所得国がリーダーシップ

10　ポール・メイソン，佐々とも(訳)『ポスト・キャピタリズム』東洋経済新聞社．2017年．

11　イノベーションにつながるナレッジマネジメントのモデル。共同化（Socialization）・表出化（Externalization）・結合化（Combination）・内面化（Internalization）の4つのプロセスを繰り返し行ない、個人が持つ知識や経験等の暗黙知を形式知に変換した上で組織全体で共有・管理し、それらを組み合わせることによって新たな知識を生み出す。野中郁次郎・竹内弘高によって提案された。野中郁次郎・竹内弘高『知識創造企業』東洋経済新報社，1995年．

を発揮し、矛盾を解決しなければならない。そして、創造力によって地域資源を生かせば、自転車や建築物、衣類もつくれ、豊かな暮らしの再生産が可能であることを目の当たりにすると「自分たちはやれる」という自信につながる。このような自信があれば、自分たちの足で立ち上がり、グローバル・サウスがグローバル・ノースへの従属や依存（市場・技術）を強いられる開発輸入[12]を受け入れる必要はない。また、自信は、変革への意志を育み、地域主義的生産への移行を加速させるのではないだろうか。たとえ、完全な移行できなくても、地域主義的生産に基づいた暮らしの再生産の広がりは、少なくとも資本主義的生産が生み出す負の側面を緩和することに役立つだろう。

地域主義的生産は、可能な限り地域の物質代謝の中で行なわれなければならない。したがって、地域主義的生産に基づく経済活動は、無限の成長や資本蓄積を目指すのではなく、成長を目指さない経済活動、つまり脱成長となり、地域の中でより良く生きる手段としての経済活動となる。しかし、より良く生きることが、他の生命や生態系を破壊するものであってはならない。そこで求められるのが、新しいデザイン観である。

物質代謝の考えは、私たちの暮らしとその再生産の持続性は多様な環世界[13]が織りなす生命の網によって生かされていることに気づかせてくれる。そして、デザイナーは、地球には多様な環世界が存在することを想像し、気を配り、モノをつくる時は、多様な環世界を尊重し、傷つけてはいけないことを教えてくれる。これこそが、今求められているデザイン観ではないだろうか。

地球主義的生産は、人間が多様な環世界を破壊せずに暮らしを再生産する方法である。しかし、地域内だけで、暮らしの再生産を完結させることは難しいのも事実である。ミラノ工科大学名誉教授でデザイン学者のエツィオ・マンジーニ[14]は、グローバリズムに対抗し、サステナブルな社会経済活動を展開してい

12　先進国の技術と資本をもって、先進国の輸入に適した開発途上国の産品の生産を助成し、その投下した先進国の資本を、その産品の輸入によって回収する方式。1980年代頃からの日本においての大きな貿易形態となっている。

13　生物が、それぞれ独自の時間・空間として知覚し、主体的に構築した世界のこと。1900年代の初めに、ドイツの生物学者のヤーコプ・フォン・ユクスキュルが提唱。ヤーコプ・フォン・ユクスキュル，ゲルオク・クリサート『生物から見た世界』新思索社．1995年．

14　エツィオ・マンジーニは，イタリアのデザイン学者で、社会的革新と持続可能性のためのデザインに関する研究で知られている。また、世界の美術・デザイン系大学が参加するDESISネット

くためのキーワードとしてSLOC[15]（小さい（Small）、ローカル（Local）、開かれた（Open）、つながった（Connected）の頭文字）を提唱し、地域の小さな活動を外部に開き、連帯していくことの重要性を指摘している。筆者も地域主義的生産は、完全にローカルに閉じたものではなく、外に開くべきであると考える。地域主義的生産は、完全にローカルに閉じたものではなく、外に開かれ、他の地域や組織・団体とつながるべきである。しかし、つながる目的が重要である。サプライチェーンのように、お金儲け・資本蓄積を目的としたネットワーク・つながりの形成ではなく、自然資本やソーシャルキャピタル、人間資本、制度資本の形成等、地域で豊かな暮らしの再生産を可能にするためのネットワーク形成＝自立し生きのびるためのエコシステム形成のためであるなら、地域はどんどん他の地域とつながり、互恵的な連帯を模索するべきだ。そして、インターネットの世界的な普及によって、つながりを生み出すハードルは下がっている。

■新たな土着性とアニミズム的自然観を育成する地域主義的生産

あらゆるモノや人間関係、自然環境をも商品化し、資本を増やそうとする資本主義的生産が、世界中の地域社会に浸透することによって、地域コミュニティや暮らしの再生産が市場化され、ある程度、自立し、相互扶助や互恵関係によって、成立していた地域社会は世界中で破壊されてきた。人間の生存基盤・暮らしの再生産が、地域社会や地域の自然ではなく、グローバル市場に委ねられるようになった。しかし、市場は常に不安定である。不安定な市場に生存基盤を置くようになった結果、様々な社会的な問題や精神的な問題に直面するようになった（例えば、地域コミュニティの崩壊や格差、貧困、虐待、孤独死、自殺、失業への恐怖等）。新自由主義[16]登場以降は、地域コミュニティや暮らしの再生産の市場化は、さらに過激的・暴力的になった。

また、資本主義的生産の地域社会への浸透は、地域や人々から「土着性[17]を喪失」させ、人々は、浮き草のようになった。職場や学校に近いとか、この地域なら

ワークの創設者. 東京造形大学もTZU DESIS Lab.として参加している。

15　Manizini, E. (2015). Design, When Everybody Designs. MIT Press.

16　特に、1970年代以降のレッセフェール的（自由放任主義的）な経済対策を指している。政府が企業や個人の経済活動に干渉せず、市場の働きに任せる。

17　土着性とは、昔からその土地で暮らし、文化、習慣が昔からその土地にあること。

家を買えるとか、借りられるからといった理由で、たまたま、住むようになった地域は「住むための機械」のようになり、住人は地域に愛着や帰属意識を育む機会もない。守らなければいけない法律や条例はあるが、共有できる習慣や文化はなく、互いに無関心になる。暮らしに必要な物は、稼いだ給料を使って、市場から購入することが当たり前になった。ライフステージに合わせ、次の場所に移動することも珍しくない。このような価値観や生活様式が世界中で広がっている。土着性の喪失は、人々に自由をもたらしたが、不安定ももたらした。しかし、地域主義的生産は、暮らしの再生産を地域の中でなるべく多く、自分たちで行なう。生存基盤を実存的な場である地域に置くことになり、場所・地域への帰属性を育むきっかけとなるため、資本主義的生産が奪い取った新しい土着性を育む契機になるのではないだろうか。そして、帝国型生活様式とそれを支える資本主義的生産を諦め、地域生産主義的生産で実現する暮らしは、今に比べると不自由はあるかもしれないが、精神的、経済的、人間関係的、社会的、生態的、物質代謝的、気候的に安定した暮らしである。

最後に、帝国型生活様式を支える資本主義的生産は、自然の搾取や、地球環境の破壊、グローバル・サウスの労働者や動物の搾取等、自然や生命への暴力を生んでいる。暮らしの再生産が、資本主義的生産に構造的に組み込まれることによって、私たちは、否応なしにこの暴力に加担させられているわけだが、地域主義的生産は、地球環境破壊を生むこの構造的暴力（暴力を誘発する原因が明確な個人や集団に特定できないような社会構造を原因とする暴力）から逃れる術となる。地域主義的生産も自然を収奪しなければ生きていけないが、決定的な違いは、根ざす自然観である。キャロリン・マーチャントは『自然の死』[18]の中で、母なる自然という考えは、人間に行き過ぎた自然利用を制限してきたが、デカルト以降、ユダヤ・キリスト教の人間中心主義的な自然観が主流になると、自然収奪にブレーキがかからなくなったと述べている。資本主義的生産の構造的暴力は、デカルト的な機械論的・人間中心的自然観に根ざしている。しかし、地域主義的生産は、暮らしの再生産は物質代謝に組み込まれていることに気付かせ、私たちは生きている（我思う、故に我あり）のではなく、地域や自然によって「生かされ

18　キャロリン・マーチャント，団まりな（訳）『自然の死—科学革命と女・エコロジー』工作舎．1985年．

ている」ということに気付かせてくれる。地域主義的生産は、「地域で生きている」のではなく「地域に生かされている」という、アニミズム的自然観（植物や樹木、動物、岩、滝等、すべての自然物に対して霊魂的存在を認める価値観や向き合い方）を育む契機となる。根本的に、自然観の変容なくして「足るを知る」価値観が根付くことも、資本主義的生産を変容させるダイナミズムも生まれず、したがって、今の時代の危機は乗り越えられないだろう。

謝辞

本研究は、下記の人々や組織の協力なしには成し得なかった。

タイ国立キングモンクット工科大学トンブリー校建築・デザイン学部社会文化イノベーションラボのナンタナ・ブーンラオー准教授（Asst. Prof. Nanthana Boonla-or）は、本研究を快く受け入れていただき、タイに滞在中に様々なアドバイスをいただいた。また、ラボがプロジェクトを実施しているラーチャブリー県のカレン族のコミュニティも案内してくれた。また、インタラパサーン・ブッサケート助教（Asst. Prof. Dr. Intarapasan Budsakayt）は、ヘッディー・クラフトについて、快くインタビューに応えてくれた。サコンナコーン県に現地調査に訪問した時、ヘッディー・クラフトのリーダーであるカサムラン（Kassamran）さんは、プロジェクトの体験談を聞かせてくれた。心より感謝したい。また、ビザ等、行政関係の書類を手配をしてくれたSoADのヌイさん（Khun Nui）にも感謝したい。

シーカーアジア財団のディレクターのナリーラット・タンチャルンバンルンスック（Nareerat Tangcharenbumrungsuk）さんは、忙しい中インタビューに答えてくれた。プロジェクトについて丁寧に説明してくれただけではなく、クロントゥーイスラムも案内してくれた。優しさに溢れた方だった。

ヨタカのスワン・コンクンティアン（Suwan Kongkhunthian）さんは、パリで開催されていた「メゾン・エ・オブジェ」から帰ってきた翌々日で、大変疲れているにもかかわらず、バンコクのショールームで丁寧にインタビューに応えてくれた。また、日を改めてパトゥムターニー県の工場も丁寧に案内してくれた。73歳とは思えないほど情熱、エネルギーに溢れていた。

プラントイのコーシン・ヴィラポーンサワン（Kosin Viraporsawan）さんは、忙しい時間の中、インタビューに応えてくれた。また、無理なお願いにもかかわらず、トラン県の工場見学やインタビューの調整をしてくれた、ニロボン・キッドクライラード（Nilobon Kijkrailas）さんや工場を案内してくれたジョムさん（Khun Jom）にも心より感謝したい。

クオリーのティラチャイ・スッパメーティクンラワット（Teerachai Suphameteekulwat）さんは、アジア太平洋経済協力会議や講演で大変忙しい中、クオリーの事務所兼ショールームでインタビューに応えてくれた。また、製品を1つ1つ丁寧に紹介してくれた。アユタヤ県にある工場を訪問した時に、丁寧に案内・説明してくれた、プロイさん（Khun Ploy）やニットさん（Khun Nit）にもお礼を申し上げたい。

メーティータのプラファイパン・デーンチャイ（Praphaiphan Daengchai）さんは、バンコクで開催された「クラフト・バンコク2022」の最中で、大変忙しいにもかかわらず、インタビューに応えてくれた。また、サコンナコーン県を訪問した際は、工房兼自宅と藍畑、地元の村を丁寧に案内してくれた。サコンナコーン県への現地調査を調整してくれた、スカジット・デーンチャイ（Sukajit Daengchai）さんにも心より感謝したい。

ウィシュラダを主宰している、ウィシュラダ・パンタヌウォン（Wishulada Panthanuvong）さんも、多忙の中、アトリエでのインタビューに応じてくれただけではなく、ノンタブリー県のバンヤイ地区にある制作現場も案内してくれた。目の中に情熱を秘め、社会変革を目指し、制作を重ねる姿に感銘を受けた。また、ウィシュラダの父親であるステープ・パンタヌウォン（Suthep Panthanuvong）さんにも心より感謝したい。

チェンマイライフアーキテクツ&コンストラクションのマルクス・ロゼリー（Markus Roselieb）さんは、チェンマイの事務所でインタービューに気さくに応じてくれただけではなく、竹の処理や保管方法等、工房を案内しながら丁寧に説明てくれた。また、パンヤーデンインターナショナルスクールも丁寧に案内してくれた。

めこんの桑原さんには、本書を出版するにあたり、貴重なアドバイスをたくさんいただいた。私にとって、めこんは憧れの出版社であり、バックパッカー時代やタイに在住していた時から、めこんから出版された書籍をたくさん読んできた。本書を執筆し始めた時から、めこんから出版することを心に決めていた。本書をめこんから出すことができたことは身に余る光栄である。また、私をめこんに紹介してくれた、東京造形大学の元同僚で、現在学習院女子大学の橋本彩先生にもお礼を申しげたい。橋本先生がつないでくれなかったら、この本はめこんから出版できなかった。

筆者を誘発し、本書を書くきっかけを与えてくれた、益田文和先生にもお礼を申し上げたい。2012年に益田先生がタイで開催したサステナブルデザイン国際会議の主要テーマが「アジアのサステナビリティ」であった。その当時からルック・サウスの重要性やを唱えられていたことを思うと、益田先生の先見の明には驚かされる。

最後に本研究を献身的に支え続けてくれた妻のファイと息子の仁、娘の蘭、タイの両親、日本の両親にも心より感謝したい。いつもありがとう。**ขอบคุณครับ**

本研究を行なうためサバティカルの機会を与えてくれた東京造形大学に感謝する。また、本書の出版にあたっては、2023年度東京造形大学教育研究助成金を受けた。ここに深く感謝の意を表す。

本書で登場した企業・団体一覧

場所	企業・団体名	ホームページURL
バンコク	Sikkha Asia Foundation	https://www.sikkha.or.th/
	Plan Toys	https://www.plantoys.com/
	Yothaka	https://www.yothaka.com/
	Qualy	https://qualydesign.com/international/
	King Mongkut's University of Technology Social and Cultural Innovation Lab	https://www.facebook.com/scisoad
ノンタブリー	Wishulada	https://www.wishulada-art.com/
サコンナコーン	Mae Teeta	https://www.maeteeta.net/
チエンライ	Mae Fah Luang Foundation	https://www.maefahluang.org/en/homepage/
チェンマイ	Chiangmai Life Architects & Construction	https://www.bamboo-earth-architecture-construction.com/

岩瀬大地（いわせ・だいち）
東京造形大学造形学部准教授。一般社団法人スペダギジャパン理事。TZU DESIS Lab.ディレクター。タイ国立キングモンクット工科大学トンブリー校建築、デザイン学部客員研究員（2022年〜2023年）。
1977年東京生まれ。2003年東京造形大学造形学部環境計画デザインマネジメント卒業。2013年タイ国立マヒドン大学大学院環境資源学研究科卒業（Ph.D. in Environment and Resources Studies）。
専門：サステナブルデザイン。地域資源、ローカルデザイン、SDGs、東南アジア、多摩地域、竹自転車をキーワードに研究を行なっている。
グッドライフアワード（環境アート&デザイン賞）（環境省）、キッズデザイン賞受賞（経済産業省）・桑沢学園奨励賞受賞。
著書：『竹自転車とサステナビリティ：世界の竹自転車づくりから学ぶサステナブルデザイン』（風人社）

タイに学ぶSDGsモノづくり

初版第1刷発行　2023年12月24日
定価　2,500円＋税

著　者……岩瀬大地©
装　幀……臼井新太郎
組　版……面川ユカ
発行者……桑原晨

発　行……株式会社 めこん
〒113-0033 東京都文京区本郷3-7-1
電話……03-3815-1688　FAX……03-3815-1810
ホームページ……http://www.mekong-publishing.com
印刷・製本……株式会社太平印刷社

ISBN978-4-8396-0337-3　C0030　Y2500E
0030-2305337-8347